君は神の作品を知らないのか

宇宙　すべての生命　そして君自身だ

もくじ

第三章　「メメント・モリ」と「チベット死者の書」

まえがき

この本は、私たちが生きる上で認識していなければならない、次の3点について述べることを目的にしています。

★この世の万物は、神（創造主）によって創られた。
★私たちには、肉体の他に、人間の本質である霊（魂）が具わっている。
★肉体の死後には、その霊が還る霊界（死後の世界）がある。

一見、宗教の本のように思われるかもしれませんが、既存の宗教とは関係ありません。既存の宗教の歴史は古くても３０００年ほどですが、この世の万物（太陽・地球・空気・水・光合成の仕組み、等々）は、神によって何十億年も前に創造されているのです。

また、私たちの肉体も、霊（魂）も「死後の世界」も、その神によって何十万年も前に創られているのですから、人間が作った宗教とは全く関係ないのです。

ここで、あなたに質問です。私たちの命を保っている太陽・地球・空気・水、光合成の仕組み、等々は、どのようにして出来たものと、お考えでしょうか。

次の①と②から、あなたの人生観（世界観）と一致するほうを選んでください。
①この世は、偶然にできたのだ↓そう考える人は、進化論派に属します。
②この世は、人知を超えた「何もの」かによって創られたのだ↓そう考える人は、創造論派に属します。
では次に、その進化論と創造論の違いを、ごく簡単に述べてみます。

「進化論とは、どのような理論か」

進化論というのは約30億年前に、海の中で偶然に発生した1個の原始的な生命体が徐々に進化して、２００万種とも言われる現在の動物や植物になり、その頂点に立っているのが私たち人間である、と考える理論です。
ある生物が徐々に進化して、長い年月をかけて別の生物に変化したのであれば、必ず、その途中に「中間種」と呼ばれる生物が存在していなければなりません。
ところが、進化論の証拠となる中間種の化石は、どの種と種の間においても、世界中で一つも発見されていません。人間についても「猿↓猿人↓原人↓旧人↓新人」と進化してきたと説明されていますが、近年の化石研究によって、猿と人間は「**別の生き物である**」

ことが証明されました。つまり、猿は人間の祖先ではなかったのです。

このように「**進化論は間違いである**」ことが、近年、次々に判明しているのです。

「創造論とは、どのような理論か」

この世の万物は偶然に出来たのではなく、「人知を超えた偉大な実在」によって創造されたのである、と考えるのが創造論です。

通常、人知を超えたものを「神」と呼ぶのですが、それでは「宗教的な匂い」を感じる人もいるので、その匂いを消して純粋な科学の理論とするために、近年の多くの科学者は「インテリジェント・デザイナー」（知的な設計者）と呼ぶ傾向があります。

あるいは「サムシング・グレート」（偉大なる何ものか）と呼ぶ科学者もいます。

呼び名はどうであれ、最初に地動説を唱えたコペルニクスも、それを宣伝して迫害されたガリレオも、万有引力を発見したニュートンも、みな同じ意味のことを語っています。

それは、この世の万物は偶然に出来たのではなく「**偉大な知性と能力を有する実在**」によって創造されたのである、ということです。

つまり偉大な科学者は、現代の言葉で言えば、万物はインテリジェント・デザイナーによって創造されたのである、と考えているのです。

創造論というのは「旧約聖書」から出た言葉ですが、現在では単に「進化論の対極に当たる言葉」として使われているので、最近の世界的な傾向としては、創造論のことを「インテリジェント・デザイン論」と呼ぶ場合もあります。

「神は、この世と霊界の両方を創造された」

神は私たちの肉体と霊（魂）を創造され、その肉体が消滅したあと（死後）には、霊が還る霊界（死後の世界）も創造されました。その霊界は、次の生まれ変わり（転生）までの間、私たちの霊が暮らしている所です。

しかし霊界は、私たちの「目には見えない」ので、霊界の様相を知るには「霊界通信」という形で霊能者に頼るしかありませんが、イギリスの心霊学者オーテンの研究によると、霊能者の「**95％は信用できない**」ということです。

ですから、霊能者の言うことを、ただ盲目的に信用するのは愚かであり、極めて危険なことなので十分に注意しなければなりません。

その点、この本で取り上げている霊能者は、信頼できる5％の中でも、世界的に超一流の霊能者なので安心です。

特に、人類史上最大の霊能者と称された、18世紀のスウェーデンボルグ、19世紀のアラン・カルデック、20世紀のエドガー・ケイシーなどは、死後の世界が存在していることを、私たちに知らせるために、神によって選ばれた（と思われる）信頼に足る霊能者です。

霊界の全貌を知ることは人間には許されていないのですが、それでも、19世紀の中頃から、この170年ほどの間に、極めて優秀な霊能者と、霊界の存在を信じる科学者等による研究（検証）の積み上げによって、相当に高い確度で、その「あらまし」が明らかになってきています。

この本は、その「あらまし」を、国内外の信頼に足る著名な霊能者の著書から抜粋し、場面ごとに、よく吟味し、整理して、最大公約数的にまとめたものです。

また、何箇所かの直接的な引用の部分は、著名な霊能者の著書のエキスを読むことができた、という寛大なお気持ちでご理解いただければ、大変ありがたく存じます。

霊界は、この世に生きている私たちは、一人の例外もなく、いつか必ず還る所なので、正しい予備知識を身に付けておくことが大切です。

本書で得た知識によって、あなたが、この世で生きている間も、何十年か先に還る霊界でも、あなたの霊（魂）が進化向上し続けることを、切に念願している次第です。

第一章　神は「宇宙の所有者」である

「この章の目的」

世の中には「この科学万能の時代に、神だの、霊だの、死後の世界だのと、何をバカなことを言ってるんだ」と考えて、そういったものを信じている人のことを、何となく胡散(うさん)臭いと思っている人がいます。しかし、それは大きな間違いです。

そういう人は「神を否定することが知性のステータス」であるかのように勘違いして、無神論者を気取っているのです。

しかし、約300年も前に、ニュートン（イギリスの天才的な物理学者。1643年生～1727年歿）は、「無神論者は人類にとって非常に愚かな存在であり、何事も生み出してこなかった」と語っています。

また、約100年前には、コナン・ドイル（イギリスの医師。小説家。「シャーロックホームズ」シリーズの著者）は、「彼らの頭はどうかしているのだ」と嘆いています。

近年ではクリスチャン・アンフィンセン（アメリカの生化学者。1972年にノーベル化学賞を受賞。1916年生～1995年歿）は「私は、大バカ者だけが無神論者になれると思っている」と語っています。

世界第一級の科学者等がなぜ、このように語るのでしょうか。それは、専門の学問を究めれば究めるほど、宇宙の精妙で完璧な仕組みに感動して、その仕組みを創り出した根源（神）を感じるからです。

20世紀最高の科学者と称されたアインシュタイン（ドイツの物理学者。１９２１年にノーベル物理学賞を受賞。１８７９年生～１９５５年歿）も、物理学を探求したことで神の実在を感得して「宇宙を創造された神の足跡を探っていくのが、科学者の仕事である」と語っています。

そこで、この章では、無神論者が言うように「この世の万物は偶然に出来た」のではなく、「神によって創造されたのである」という、第一級の科学者の見解（創造論）を紹介することにします。

ノーベル賞級の科学者は「神の実在」を信じている

神は「宇宙の所有者」である証拠（その1）

物質の最小世界（陽子・中性子・電子など）を研究している量子力学の科学者たちは、

宇宙の完璧な仕組みは、絶対に、偶然に出来たのではなく「**神の意思によって創造されたのである**」と考えています。

量子力学の基礎を作り、1918年にノーベル物理学賞を受賞したマックス・プランク（ドイツの物理学者。1947年歿）は、自分の専門の分野を研究すればするほど、その研究を通して「神の実在を確信させられた」と述懐しています。

また、私たちを含めた生物に目を向けてみると、全ての生物は細胞で出来ていますが、その細胞の中にある何十億という遺伝子には、百科事典で数千万ページに及ぶ情報が含まれているのです。

このように、近年の量子力学や、生物学（医学）のDNAの研究によって、この宇宙は全ての生命体が生存できるように、完璧に微調整されていることが解ってきたのです。

その点に関してアブドゥッサラーム（パキスタンの物理学者。1979年にノーベル物理学賞を受賞。1926年生～1996年歿）は、人知の及ばない「目に見えないもの」を探求していくのが、広い意味での物理学であると語っています。

つまり、多くの科学者は、研究を深めれば深めるほど、人知を超えたもの（神）の実在を確信するようになったのです。それは、従来の「科学と神は相容れない」という考えが、

「間違いであった」ことを意味しているのです。

令和3年の1月に『科学者たち58人の神観』（森上逍遥著）という本が出版されました。この本は、主として量子力学を研究している世界第一級の物理学者と、古今の偉人58人（ノーベル賞受賞の26人を含む）を取り挙げて、それらの科学者が「神の実在を信じるに至った経緯（理由）」を紹介したものです。

では次に、58人の中から適宜に数人をピックアップして、第一級の科学者が抱いている「神に対する考え方（神観）」を、箇条書きの要領で挙げてみます。

★ジョセフ・エドワード・マレー（アメリカの外科医。腎移植の先駆者。１９９０年にノーベル生理学・医学賞を受賞。１９１９年生～２０１２年歿）

私はイエズス会で受けた教育によって、自分の宗教的な感覚と医学（科学）の対立を感じたことは一度も無い。私は神によって与えられた道具として医学に取り組んでいる。それは科学も宗教も同じ出どころ、つまり、創造主から発しているからで、もともと両者の間には矛盾も対立もないのである。

★アーサー・L・ショーロー（アメリカの物理学者。レーザー光学の開発者。1981年にノーベル物理学賞を受賞。1921年生～1999年歿）

科学の研究は、全能の神によって創造された不思議な事象を、より深く解明するための敬虔な行為である。また、私たち人類の起源については、どのような結論であろうとも、神が人類を創造された方法として、素直に受け入れなければならない。

★グリエルモ・マルコーニ（イタリア。短波無線通信の発明者。1909年にノーベル物理学賞を受賞。1874年生～1937年歿）

科学と宗教が共存できないと考えるのは間違いである。今日、無神論がはびこっているが、もし、人が神を信じなくなったら、それは大きな悲劇である。私が無線電信の開発に成功したのは神の助けがあったからである。神は神聖な力を示すために、この私を、神のご意志の道具とされたのである。

★吉川庄一（日本の原子力工学者。核融合プラズマ研究の世界的な権威。プリンストン大学教授。東京大学教授。1935年生～2010年歿）

個人的には（一神教の）宗教は科学の上をいく、という考え方に賛成である。ダーウィンの進化論の、全ての種族のＤＮＡ鎖と卵細胞の存在が、機械的なプロセスだけで説明できるというのは、とても信じられない。私は、神が宇宙と全ての生命を創造されたと考えている。人類は、宇宙の物理的法則を大きく破らない、あるいは全く破らないプロセスで、神によって創造されたのである。

★ウイリアム・ダニエル・フィリップス（アメリカの物理学者。素粒子の研究と原子を極低温に冷却する方法で１９９７年にノーベル物理学賞を受賞。１９４８年生〜現在）

私は神を信じている。宇宙の秩序の正しさや、生き物が生きるための状態が素晴らしく微調整されていることを観察すると、偉大で知的な創造主が、その原因であることが理解できるはずだ。我々が科学的な新しい発見をする度に、神は喜ばれていると思う。我々の科学的な新しい発見を通して、神は我々に豊かな人生を歩んでほしいと望んでいるものと思う。

★アントニー・ヒューイッシュ（イギリスの電波天文学者。１９７４年にノーベル物理学

賞を受賞。１９２４年生～現在）

この世は多くの要素が絶妙に絡んでいて、その完璧な微調整には驚くばかりである。無神論者が言うように、これは単なる偶然なのか、何らかの超知性の実在が関わっているのか、私たちを含めた全ての生物が、この地球で生存していることが、単なる偶然だとは絶対に思えない。

このように、ノーベル賞級の科学者たちは、宇宙の整然とした秩序の正しさと、全ての生物が生きるための状態が完璧に微調整されていることを観察すると、神の実在が解る、と口を揃えて語っているのです。近年、進化論が崩壊してからは、特に欧米では進化論の立場から、創造論へ軸足を移している科学者が多くなっているそうです。

18世紀のニュートンも、20世紀のアインシュタインも、21世紀のノーベル賞級の科学者も、創造論の立場で神の実在を信じているのです。ですから、神を否定するということは、自分の命を支えている根源（宇宙・太陽・地球・空気・水・光合成の仕組み、等々の一切）を否定することです。

その覚悟のない人は「神だの霊だの、死後の世界だの、何をバカなことを言ってるんだ」

などと、軽々しく言うべきではありません。

神は「宇宙の所有者」である証拠（その2）

パスカルの賭け（あなたは、どちらに賭けますか）

地球はこの瞬間も、驚異的なスピードで回転しながら移動しています。しかし何も感じません。この「動」と「静」の超物理学・超自然・超不思議な現象を、単なる偶然だ、と考えるか、神によって完璧にコントロールされているからこそ、可能なのだ、と考えるか、そこが、あなたの「生きる指針」の分岐点になります。

偉大な科学者が、いくら「神は実在している」と言っても、全ての人が信じるとは限りません。その感覚は外国人でも、日本人でも同じです。

その点に関して、パスカル（フランスの哲学者・物理学者。１６２３年生～１６６２年歿）は、神が「実在している」のか、「実在していない」のか、その判断に迷っている人に対して**「神が実在するほうに賭けなさい」**とアドバイスしたというのです。

それは、次のような理由からです。

①神が「実在しない」ほうに賭けた場合

・神が実在しないなら、死後の世界も存在しないので、何の罰も受けない。

・神が実在するなら、死後の世界では業火を浴びて、永遠の苦しみを味わう。

②神が「実在する」ほうに賭けた場合

・神が実在しないなら、死後の世界も存在しないので、失うものは何もない。

・神が実在するなら、死後の世界では祝福されて、天国で暮らすことができる。

つまり「神が実在する」ほうに賭けた場合には、失うものは何もない上に、この世でも死後の世界でも、得ることのほうが大きいことを諭しているのです。

この話は「パスカルの賭け」として知られていますが、あなたは、この話をヒントにして、自分の「生きる指針」を無神論に置くのでしょうか。それとも、有神論（創造論）に置くのでしょうか。

私たちは、この「賭け」から降りることができないので、いずれ、決めなければなりませんが、いつ決めるのか、それは、今でしょう。

「科学は、神が創造した事柄の一部である」

先述の、「宇宙を創造された神の足跡を探っていくのが、科学者の仕事である」という、アインシュタインの言葉の「神の足跡」には、太陽も地球も含まれています。

つまり、神が実在しなければ太陽も地球も存在せず、太陽や地球が存在しなければ人間も存在せず、人間が存在しなければ科学も存在しないのです。

ですから、科学は私たちにとって重要な学問ですが、神によって創造された事柄の一つにすぎないので、この世には、科学が通用しない事柄が存在しても、全く不思議ではないのです。

科学は「**物質と、物質エネルギーには通用する**」が、それ以外の「**非物質の事柄には通用しない**」のです。

その最も身近な例が「霊と死後の世界」です。この事実を知らない人が、科学で説明できない事はみな、迷信だ、オカルトだと言うのです。

しかし、そういう人も科学で説明できない事柄を、日常的に行っているのです。

次が、その事例です。

「あなたも、科学で説明できない事柄を行っている」

（いちいち例を挙げたらキリがないので、ごく一般的なものだけにします）。
・お正月の初詣で。七五三のお宮参り。
・受験や就職などの合格祈願。
・死者の霊と戒名や位牌の関係。
・お盆やお彼岸などの行事。年回忌と称される法要。
・仏滅の日には結婚式をしない。友引の日には葬式をしない。
・縁談や結婚などの際に、自分と相手との干支（えと）（年回り）を気にする。
・鬼門や裏鬼門などの方位の吉凶を占う。
・家相の吉凶を占う。手相を占う。字画によって生命判断をする。

これらの事柄に関する効用と結果を、科学的に説明できるでしょうか。できません。

それにも関わらず、科学で説明できない事柄を、非科学的であると非難する人さえも、日常的に行っているのですから、自分の矛盾に気づいていないのです。

科学的に存在していることが証明されている事実でも、例えば、人間の目では赤外線や紫外線を見ることができません。各種の超音波等も人間の耳では聞くことができません。しかし、それらの事柄は存在しているのです。

　これと同じで、神や霊や死後の世界も、目で見ることができないから、手で触れることができないからという理由で、その存在を否定するのは、自分が生まれる何億年も前から厳然と存在している宇宙の真実（大自然の法則）に気づかないということです。

　その人こそ、科学（心霊科学）に矛盾した生活をしているのです。


神は「宇宙の所有者」である証拠（その3）

進化論は間違いだった（現代の天動説と揶揄（やゆ）されている）

　ダーウィンが『種の起源』を出版（１８５９年）してから、西欧の５００名を超える科学者から「**進化論は間違いである**」という鋭い指摘が続きました。では次に、進化論が間違いであると指摘されている点の一部を、箇条書きの要領で挙げてみます。

★『昆虫記』の著者であるファーブルは、自分の長年に亘（わた）る昆虫の研究からみて、一貫して進化論を否定していました。

★遺伝子（ＤＮＡ）とはスゴいもので、人間の１個の細胞の中にあるＤＮＡを引き延ばすと２メートルにもなり、身体中のＤＮＡを合計すると「**地球を２５０万周**」するほどの距離になるというのです。進化論では、下等な動物が進化して、その頂点に立っているのが人間であると説いていますが、これほどスゴいＤＮＡは、絶対に神にしか創ることができません。

★パスツールの画期的な実験（１８６２年）によって、「生命自然発生説」が否定され、生命体は無からは発生しないことが証明されました。ですから「**30億年前に１個の生命体が偶然に発生した**」という進化論は、最初から間違っていたのです。

★そうなると、全ての種のＤＮＡは神によって、それぞれの種ごとに（個別に）創造された、という結論になります。

★近年の化石研究の著しい進歩に伴って、人間は猿から進化したのではなく、神によって最初から「**人間は、人間として創造された**」ことが判明しました。

★進化論による遺伝子の突然変異説は、多くの科学者による研究の結果から、その種の遺伝に伴うエラーであり、異常であり有害であり、進化どころか不利な改悪を招くだけである、という結論が出されています。

「**突然変異は進化どころか、種の劣化と改悪を招くだけ**」

★進化論の決定的な間違いは、ある種が、その種を超えて別の種に進化したという説です。例えば、爬虫類が進化して鳥類になったということは、絶対にあり得ないのです。

★ある種の生物が進化して別の種になるためには、必ずその途中に「中間種」と呼ばれる生物が存在しなければなりません。しかし、どの種と種の間においても、その証拠となる中間種の化石は、世界中で一つも発見されていないのです。

★古代のシーラカンスと、近年、マダガスカル島の沖で捕獲されたシーラカンスの間には、ＤＮＡに何の変化（進化）もなかったことが明らかになっています。

★人間については、「猿→猿人→原人→旧人→新人」と進化したと説いています。しかし、ダーウィン自身が「進化論に最も合致しないのが人間である」と嘆いているのです。

ですから総合的な結論として、進化論は最初から単なる「おとぎ話」でしかなかったのです。

ダーウィンが『種の起源』を出版してから160年余の長い年月、世界中が進化論に振り回されてきたのです。あなたも、学校で習った進化論は「正しい」と思っていたと思われますが、それが「**真っ赤な嘘**」だったのです。

近年、世界中で進化論を捨てる科学者が増えたことによって、1963年に世界的な組織として「創造調査研究会」（ＩＣＲ）が設立され、日本・アメリカ・ヨーロッパ・カナダ・ロシアなどの各国から、数千人の科学者が参加しています。

「科学者廃業宣言をした、日本の著名な進化論学者」

生物の「棲み分け理論」で世界的に有名な進化論学者の今西錦司氏（１９０２年生～１９９２年歿。京都大学名誉教授。文化勲章受章）は、進化論の研究を深めれば深めるほど大きな矛盾に突き当たって、遂に失意のうちに研究を断念して「科学者廃業宣言」を行い、**「進化論は学問にあらず」**ということを新聞で発表しました。

実際にアメリカでも近年、ハーバード大学の教授を含むトップクラスの進化論者が、次々に研究をやめて他の学問に転向しました。

そのような背景の中で、アメリカでは以前に「進化論裁判」が起こり、現在、国民の約７割強の人が進化論を信じていないので、学校で進化論を教えていない州が数多くあるのです。

遺伝子工学などが発展するにつれて、進化論には「それを裏付ける証拠がない」ことが判明して、今や事実上崩壊の状態に陥っています。結局、人間を含めた全ての生物は初めから**「創造主によって、個別にデザインされて、創造されたのである」**という研究（創造科学）が発展しつつあるのが、現在の科学界の流れです。

「生命の誕生には、複雑で高度なシステムが必要である」

1933年にノーベル物理学賞を受賞したポール・ディラック（イギリスの理論物理学者。1902年生～1984年歿）は、次のように語っています。

生命の誕生には非常に高度なシステムが必要なので、全くの偶然から誕生したと考えることは不合理で、進化論で説明することは絶対に不可能である。

生命の誕生は極めて難しいので、太陽系の惑星の中でも、地球にしか起こらなかったのかも知れない。いずれにしても**「生命の誕生には神が関係している」**ことが推測されるのである。

令和2年1月に『生命の謎』（中川豪著。京都大学農学部大学院修士課程修了。専門は魚類学。後に創造論を学ぶ）という本が出版されました。

この本は進化論を否定し、神のデザイン論（創造論）に立って、生命の発生を論ずる研究書です。次に、その要旨の一部を箇条書きの要領で挙げてみます。

★生命の最高機能は自己複製である。細胞には300種類ものタンパク質が必要で、1個のタンパク質すら偶然には出来ないのに、その細胞が偶然に出来るということは最初からあり得ない。つまり、生命の自己複製の機能が偶然に出来ることは絶対にないのだ。

★ＤＮＡの分配と細胞質の分裂は、非常に複雑で大掛かりな仕組みであり、しかも失敗は絶対に許されないが、細胞は、この難しい作業を完璧に行っている。

★ノーベル賞を受賞した山中伸弥氏は「細胞を見ていると、こんなに凄いものは、やはり神様にしか創れない」と語っている。

★ダーウィンは、生命の発生に関して神に挑戦したが完全に敗北した。結局、生命はきわめて難しいシステムなので、神にしか創れないのである。

結論として「**生命は神によって個別にデザインされたのである**」としか思えない。

１９７８年にノーベル物理学賞を受賞した、アーノ・アラン・ペンジアス（アメリカの物理学者。１９３３年生〜現在）は、あなたにとって神とは何ですか、と質問された際に「**私は、神は宇宙の所有者であると考えている。天地創造を見れば、それが解る**」と答えています。また、先に挙げたクリスチャン・アンフィンセン（１９７２年にノーベル化学賞を受賞）は、「**大バカ者だけが無神論者になれる**」と語っています。

ノーベル賞の科学者がこのように語るのは、「無」の状態から「有」（宇宙）を創造された神が「宇宙の所有者である」のは当然だからです。

しかし、無神論者（進化論者・唯物論者）は、そのことを理解していないのです。

次の第二章は、神によって創造された「無数の事象」の中の、ほんの数例です。

その数例を考えただけでも、神なくして「**私たちの命はあり得ない**」ことが、ご理解いただけるものと思います。

第二章　神が実在している「溢れるほどの証拠」

「この章の目的」

ニュートンが太陽系の惑星の模型を作って自分の部屋に置いていたところ、遊びに来た友人が「おー、これはよく出来てるなー、君が作ったのか」と聞きました。

ニュートンはすました顔で「誰も作ってないよ、知らないうちに偶然に出来てたんだ」と答えました。すると友人は「ふざけるな、これほど精巧な模型が偶然に出来るわけないだろう」と声を荒らげました。

ニュートンはここぞとばかりに「君は日ごろ太陽も地球も、みな偶然に出来たのだ、と言ってるではないか。それなのに、こんな模型にさえも作り手がいると考える君が、どうして本物の太陽や地球には作り手（創造主）がいないと思ってるんだ」と鋭く迫ったので、2人の間で激しい論争がしばらく続きました。

やがて論争が収まってから、友人は自分の理論に欠陥があることに気づいて、それまでの考えを改めて、ニュートンと同じ創造論の支持者になったというのです。

これは、太陽系の惑星にだけ「作り手がいる」という話ではありません。宇宙の万物に

「作り手がいる」ということです。

この世には「人間が作ったもの」（衣類・家具類・家電類・自動車等・飛行機等）と「神が創ったもの」（太陽・地球・人間・空気・水・動植物、等々）の2種類しか存在しません。そして「神が創ったもの」の中には、目に見えるもの（第二章）と、目に見えないもの（第三章〜第五章）があります。

普段は、何も気づいていなくても、私たちは、無数の「神が創ったもの」に囲まれて、毎日、その恩恵を受けて生きているのです。

つまり、私たちの周りには「神の実在を示す証拠が溢れている」のです。

その事実に気づいていただくのが、この章の目的です。

神が実在している身近な証拠（その1）

地球の自転と公転（この世における最大の神秘）

この大地（地球）が動いていることを体感している人は誰もいません。しかし、私たちの生活の基盤である地球は秒速約５００ｍ弱の猛烈なスピードで回転（自転）しながら、同時に、秒速約30㎞の驚異的なスピードで横っ飛びに移動（公転）しています。

いま、この瞬間も（轟々と唸りを立てて）動いているのです。

仮に、秒速５００m弱の台風が来たら、東京スカイツリーも、大阪の通天閣も、多くの建築物なども、根こそぎ千切られてしまうものと推測されます。そのような暴風に襲われたら、地球上の生き物は全て吹き飛ばされて、生きることは不可能です。

地球が自転しているスピードを時速に換算すると１７００㎞ぐらいになりますが、これはプロ野球の一流の投手が投げる剛速球の11倍超であり、ＪＲ新幹線の6倍ぐらいに相当する恐るべきスピードです。

また、地球が1年間に公転している距離は約9億4千万㎞なので、このスピードを時速に換算すると、10万㎞超になり、秒速で約30㎞になります。30㎞というのはＪＲの駅で、東京横浜間に相当する距離になります。

「**60億トンの1兆倍**」と推定される巨大な重量の地球が、この瞬間も、寸分の狂いもなく1秒間に、東京駅から横浜駅までの距離を横っ飛びに移動しているのです。

それなのに、私たちも犬も猫も平気で暮らしています。この世に、これほど不思議な事象が他にあるでしょうか。この事象は偶然に起きているのではありません。

神の「偉大な叡智と巨大なエネルギー」によって、完璧にコントロールされているからこそ可能なのです。この一事（いちじ）だけを考えても神が実在していることを示す証拠として十分です。

この事象が偶然なら、偶然に、明日にも地球の回転が止まるかも知れません。

仮に、地球の回転が止まったら、太陽側の地域は灼熱と乾燥で、反対側の地域は暗黒と寒冷で、地球上の生き物は全て死に絶えてしまうものと思われます。

「ケプラーは大地に跪（ひざまず）いて、神の叡智を讃えた」

コペルニクスは、１５４０年に『天球の回転について』という本を書いて、それまで長く信じられていた「天動説」を覆しました。ガリレオは地動説を熱心に宣伝したことで、宗教裁判にかけられたが「**それでも地球は回っている**」と言ったことで有名です。

約４００年前にケプラー（ドイツの天文学者）は、地球（惑星）は一定の法則に従って太陽の周りを楕円軌道で回っていることを発見しました（ケプラーの法則）。

ですから、地球は、太陽の周りをただ漫然と回っているのではなく、厳密な法則に基づいて整然とした軌道を描いて回っているのです。

ケプラーは、この見事な軌道に感動して「**これぞ、まさに神の御業である**」と、大地に跪き天を仰いで「**神の偉大さを讃えた**」と伝えられています。

『シルバー・バーチ霊言集』という本に、太陽は「神の実在」を示す具体的な証拠であるという趣旨の言葉が載っています。

「**太陽は、神の実在を示す具体的な証拠である**」

（地球が回転しているからですが）太陽が動いていることは誰の目にもハッキリと解ります。しかも、太陽による無限の恵みがなければ、私たちを含めて全ての生物は生きることが出来ませんので、太陽が「神の実在」を示す具体的な証拠である、と考えることは実に理に適って（かな）います。

特に、神々しく昇って来る朝日や、西の空を赤く染めて沈む夕日には、その感を強くします。もちろん昼に輝いている太陽も同じですので、私たちは、太陽に「神の実在を示す具体的な証拠」として、尊崇の念を持って暮らすようにしたいものです。

神が実在している身近な証拠（その2）

60兆の細胞と30億の遺伝子（私たちの身体の神秘）

私たちの身体には約60兆（37兆とも）もの細胞があり、しかも、その細胞の1つ1つには、約30億の遺伝子が組み込まれていると言われています。

30億というのは、1ページに1000字を印刷し、それを1000ページの本にして、3000冊分に相当します。これは、市販されている家庭用の大型の倉庫が、ほぼ一杯になってしまうほどの量になります。

約60兆もの細胞が肉体の全器官を構成して、全身の骨格の仕組み、心臓の拍動、肺の呼吸、腸の消化と吸収、等々、全ての機能を整然と果たしているのです。これほど精妙・複雑・完璧な仕組みが偶然に出来たとは、絶対に考えられません。

偶然に出来たのでなければ、神によって創られたものである、と考えるより他に方法がありません。

人間の誕生は、1個の卵子と1個の精子が合体した受精卵から始まります。

その後、無限の細胞分裂を繰り返しながら成長しますが、単に細胞の数だけが漫然と

60兆に増加するのではなく、頭蓋骨・脳髄・両手・両足・全身の骨格・内臓の各器官、等々へと見事な統一のもとで、人体の完成へと成長していくのです。

人間は世界中の富を資金にして、世界中の科学者を集めて研究しても、細胞や遺伝子の段階から「ウジ虫の1匹」さえ作ることができません。それなのに、私たちの身体には60兆もの細胞があり、その一つ一つの細胞に、30億の遺伝子が組み込まれていて、小宇宙と言われる完成品（人間）が存在しているのです。

私たち人間が、人間を創り出すことは絶対に出来ないので、人間は万物の中の一つとして、神によって創造されたのである、と考えるのが最も自然であり、正解です。

人間の肺には片側に約１００万個の肺胞があり、左右で約２００万個の肺胞があると言われています。私たちは常時、何の意識もなく呼吸していますが、これが如何に優れた仕組みであるか、特に誕生の瞬間を考えれば、その神秘性が理解できます。

母親の胎内では臍の緒を通じて栄養や酸素を吸収しているので、誕生の前には、まだ、肺での呼吸はしていません。しかし、この世に誕生してオギャーと泣き出した瞬間から、肺呼吸に切り替わって約２００万個の肺胞が活動を開始し、その後、死ぬまで一生続くのです。

これほど完璧な仕組みを創造された神は、何と偉大なのでしょうか。肺ばかりではありません。全ての臓器・器官も同じですので、その偉大さを忘れてはなりません。

「君は、神の作品を見たことがないのか」

神に関する話をすると「そんなものは、目で見ることも出来ないし、手で触れることも出来ないので、とても信じられません」と言う人がいます。

そういう人は自分の体の頭でも目でも、手でも足でも、じっくりと見つめてほしいものです。からだ全体の仕組みが、実に完璧に出来ているではありませんか。

無神論者が言うように、人間は、神によって創られたのでないとすると、その他の方法としては「偶然に出来た」と考えるしかありません。

しかし「偶然に出来た」と考えることは、「神によって創造された」と考えるよりも、何百万倍も無理があるように思います。とにかく、進化論者（唯物論者・無神論者）は、神という言葉を嫌いますが、そういう人にも、神によって自由意思が与えられているので、何をどう考えようとも、それは自由です。

ヴィセト・ギリュウム（スペインの霊能者。１９７４年生～現在）は、『魂の法則』という本の中で、「**君は神の作品を見たことがないのか、宇宙、全ての生命、そして君自身だ**」と語っています。つまり、太陽も地球も空気も水も「人間が作ったもの」でなく、「神が創ったもの」ですから、神を認めない無神論者や唯物論者でも、自分が認めない神が実在しなければ、自分の命を保つことが出来ないのです。そこが何とも皮肉で滑稽なところです。

神が実在している身近な証拠（その３）

人間の遺伝子情報テープ（ＤＮＡ螺旋（らせん）の美しさ）

遺伝子研究の世界的な権威であった筑波大学名誉教授の村上和雄氏（令和３年４月死去）は、『**生命の暗号**』という著書の中で、次のように書いています。

人の遺伝子暗号は、幅1ミリの50万分の1、という超極小の情報テープに書き込まれています。幅1ミリの50万分の1というのがどれだけ細いかというと、仮に、針金を１００分の1ミリの細さにすると、息を吹きかけただけで切れてしまいます。

それほど細い針金であっても、人の遺伝子暗号が書き込まれている情報テープよりも、5000倍も太いのです。

この研究を通して、つくづく不思議で神秘に思うことは、人の生命設計図の精巧さと、それを極微な世界に書き込んだのは、一体「何もの」なのかということです。

人間が書いたのでないことは確かですから、人間を超えた創造主、つまり、神の存在を感じるのです。その存在を、私は「**サムシング・グレート**」（偉大なる何ものか）と呼んでいます。

DNAの螺旋（らせん）の美しさや遺伝子の精巧さは、とても偶然の産物とは思えません。広大な宇宙の神秘と人の遺伝子は、超マクロと超ミクロという正反対のものでありながら、偉大な「何もの」かによって創られた精巧な仕組みと、絶妙な調和を共通して感じるのです。

この2つの極大と極小の仕組みは、体外宇宙と体内宇宙の違いはあっても、その根源において繋がっているのです。その根源こそ、サムシング・グレートなのです。

もし、宇宙と、遺伝子の起源が同じであるならば、遺伝子は、即ち、私たちの生命は、「宇宙の意思」によって生まれ、生かされているのです。

つまり、サムシング・グレートは「宇宙を創り、人間を創り、全ての自然と生物を創り、更に、人間の魂も創った」のです。

とにかく私たちが、この地球で生きていること自体が一つの奇跡であり、それを可能にしているのが、サムシング・グレートであるのです。

神が実在している身近な証拠（その4）

壮大な光合成（天地の総合的な仕組み）

光合成というのはごく簡単に言うと、人間や動物は酸素を吸って炭酸ガスを吐き出し、植物は、その炭酸ガスを吸収して、人間や動物が生きるのに欠かせない酸素を作り出している、という実に壮大で神秘的な仕組みです。

この光合成は太陽・地球・空気・水・人間・動物・植物などが、全て一体となって互いに作用し合うことで成り立っています。

ですから、光合成の仕組みは、太陽・地球・空気・水・人間・植物・動物等々は、それぞれが、どのような特性を持っているのかということを、全て熟知されている神にしか、考案（創造）することが出来ません。

要するに、神・創造主・インテリジェント・デザイナー（知的な設計者）でなければ、このような壮大で神秘的な仕組みを、絶対に創り出すことは不可能です。

地球上の70何億人もの人間と、全ての動物が、毎日、酸素を吸い続けたら、酸素が欠乏して、いつか私たちは窒息死してしまうのではないかと心配になります。

しかし、神によって創られた光合成の仕組みによって、植物が酸素を作り出しているので、その心配は無用です。

何と合理的で偉大で、ありがたい仕組みでしょうか。

この仕組みは絶対に、偶然に出来たものではありません。「**神によって創造された壮大で完璧な仕組みである**」と考えるのが、最も素直な方法です。

この仕組みを、私たちの身近な例で確認してみましょう。例えば、20ｍほどの高さの広葉樹が大きな枝を広げて青々とした葉を茂らせているとします。ごく一般的な情景なので誰も、その広葉樹を見ても何も感じません。しかし、光合成の観点からみると、その広葉樹には神の叡智が「内蔵されている」のです。

20ｍほどの高い枝先の葉が青々としているのは、その高さまで水分が十分に届いているということです。

人間が20ｍの高さまで水を上げようとすると、大がかりな装置が必要ですが、その木の根は土の中から水分を吸って、幹や枝の中にある無数の導管を通して、枝の先まで水分を届けているのです。

その上に太陽からの光や熱を利用して、酸素を作り出す作業を、粛々と行っているのです。これほどの仕組みが偶然に出来ることは、絶対にあり得ません。

光合成の仕組みは神の叡智によって、その他の全ての樹木にも草花にも適用されているのです。何と偉大で素晴らしい仕組みでしょうか。だからこそ科学者が、これらの神秘に感動して、その創り主である「**神の実在を確信する**」のです。

もう一つ、身近な例を挙げてみます。

誰の関心も引かないような道端のタンポポも、神によって創られた植物の一つです。

花が咲き終わると、綿帽子のような形になって胞子を作り、風を利用して遠くへ飛ばし、その胞子が落ちた土地で子孫を残します。

茎や葉は枯れてしまっても、根は土の中で寒い冬を越して、次の年に備えます。

道端の小さなタンポポは、このような種の保存の仕組みを何万年も繰り返しているのです。世界中の植物学者が研究して、タンポポを遺伝子の段階から作り上げて、これと同じ種の保存の仕組みを作ることが出来るでしょうか。絶対に不可能です。

人間の能力では絶対に不可能な種の保存の方法が、あのタンポポにも内蔵されているのです。つまり、道端のタンポポも「**神の作品**」なのです。

このように、私たちの周り（この世）には、神が実在している証拠が、無数に溢れているのです。

それなのに、この世の万物は「偶然に出来たのである」と考える無神論者は、コナン・ドイルの言葉を借りるまでもなく「頭がどうかしている」のです。

いや、それ以上でしょう。ノーベル化学賞を受賞したクリスチャン・アンフィンセンの言葉のように、やはり「**大バカ者だけが、そう考える**」のです。

神が実在している身近な証拠（その5）

私たちの食料（神なくして人間の命はあり得ない）

私たちの命を保つために必要な食料は、米も麦も、野菜も果物も、魚介類も、野山の木の実に至るまで、全て、神によって用意されているものです。

例えば、主食の米はどうでしょうか。春に一粒の籾（もみ）から芽を出した苗が、田んぼの中で根を張り成長して、秋の収穫までの生育を司る、おそらく何千兆もの遺伝子が、一粒の籾の中に組み込まれていることによって可能なのです。

その原理と仕組みは稲に限ったことではなく、私たちが食べている全ての穀物、全ての野菜、全ての果物、全ての魚介類などの、ありとあらゆる品目に及んでいるのです。

では、全ての品目に何千兆もの遺伝子を組み込んだのは、一体「何もの」なのでしょうか。人間でないことは確かです。

人間でないとすれば、神によって組み込まれたと考えるのが、正解です。

私たちの命を維持する食料が「神によって創られた」というと、反発する向きもあろうかと思われるので、そういう人にも納得していただけるように、もう一つ身近な例を挙げてみます。何の例でも構わないが、鶏の卵で考えてみましょう。

あの卵の白身や黄身の中には、やがて鶏に成長するために必要な、おそらく何百億兆かの遺伝子が組み込まれているのです。その何百億兆かの遺伝子が、それぞれの特性に応じて赤い鶏冠（とさか）になり、足の鋭い爪になり、その他しっぽの羽・頭・目玉、等々の全身の器官や臓器になるのです。

人類の歴史上、卵を作ったという人は一人もいないので、卵は「人間が作ったもの」でなく「神が創ったもの」です。人間が現代の科学力を総動員して、本物そっくりの人造卵を作って、安価で栄養価の高い食品として、世界中の人々に提供できるでしょうか。

絶対に不可能です。

昔から「卵が先か」、「鶏が先か」という論争がありますが、神によって親の鶏が先に創られて、その生態の一つとして、卵を産むシステム（遺伝子の構成）が組み込まれているのです。神によって創造されたこの原理は、他の、全ての鳥にも、全ての動物にも、同じように適用されているのです。

「やっと、神の実在を信じられるようになりました」

アメリカ・コーネル大学のカール・セーガン教授は、宇宙生物学の研究者として地球が誕生した頃の環境を様々にシュミレーションしながら、たった一つの細胞でもいいから、自分の研究室で「生命体を作りたい」と考えて、20年に亘(わた)って研究したが結局は、何も生まれなかったというのです。

その結果、教授は人間の能力ではどんなに努力しても「細胞の一つさえも作り出すことができない」と悟り、日本人の中丸薫氏（霊能者）に「私はやっと神を信じることができるようになりました」と述懐されたそうです。

これは『見えない世界の摩訶不思議』（中丸薫著）という本の中に載っている話ですが、人間はいかに努力しても、一つの細胞さえも作り出すことができないのです。

それは、生命を創り得るのは「神のみ」ですから、当然のことなのです。

（忘れてはいけないことなので何回も書きますが）この世に存在している「2種類のもの」の中で、家屋・飛行機・自動車・電車、等々は「人間が作ったもの」ですが、それ以外のもの、即ち、太陽・地球・空気・水・動物・植物、等々は、すべて「神が創ったもの」です。

これらの中で、最も身近なものは空気です。

空気は、人類が誕生する何億年も前から「窒素78％、酸素21％、アルゴン等1％」という割合で、神によって創られているのです。この完璧な割合が大きく崩れたり、空気そのものが欠乏したりすると、あなたの命は断たれてしまいます。ですから「**神無くして、私たちの命はあり得ない**」ことを、ご理解いただけるものと思います。

神が実在している身近な証拠（その6）

私たちの衣食住（創造主はすぐ近くにいる）

現在、地球上には200万種の生き物がいると言われています。その中に人類が作ったものは、ただの一種類もなく、全て「創造主によって創られたもの」ばかりです。

その一部を科学図鑑で拾ってみると、次のような数字になっています。

・哺乳類……約6千種
・植物……約31万種
・魚類……約3万3千種
・鳥類……約1万種

・甲殻類……約4万7千種
・昆虫……約100万種
・両生類……約7千種
・爬虫類……約1万種
・軟体動物……約8万5千種
・クモ類……約10万種
・菌類と原生生物……約5万1千種
・脊椎動物……約6万6千種
・その他の無脊椎動物……約7万1千種

人類を含めて、これらの膨大な数の生き物は絶妙な調和を保って生存しています。
その調和を完璧にコントロールしているのが「創造主の摂理」です。

「創造主の摂理」という呼び方は「インテリジェント・デザイナー」でも「サムシング・グレート」でも「大自然の法則」でもよいのですが、要するに「全知全能の神の偉大な叡智と巨大なエネルギー」によって保たれているのです。

「この絶妙で完璧な調和を、進化論では説明できない」

仮に、神が約31万種の植物を創っていなければ、私たちは木材を利用して家を作ることが出来ません。米を食べることも、野菜や果物を食べることも出来ません。

私たちが新鮮な野菜類を食べることができるのは、土の中にいる虫やミミズや、無数の微生物が枯葉などを分解して、それを野菜類の栄養として供給しているからです。

ですから、私たちの身体（命）の維持に必要なビタミン類は、土の中で活躍している名前も知らない無数の微生物のお陰なのです。このように、地球上の生き物は、絶妙で完璧な仕組みと調和を保って生存しているのです。

また、神が約3万3千種の魚類を創っていなければ、私たちはマグロの刺身も、ウナギの蒲焼も、サンマの塩焼きも食べることができません。

つまり、私たちが生きるために必要な衣食住の全てが、「神の摂理」によって、完璧にコントロールされているのです。

この絶妙で完璧なシステムを、進化論では絶対に説明できないのです。

「神とあなたは、密接不可分の関係である」

世間には、神の実在をハナから否定する人がいますが、そのような人でも、自分が否定している「神によって創られた食料」が無ければ、生きることができないのです。

では次に、その事実を身近な事例で確認してみることにします。

例えば、あなたが朝食に、ご飯、味噌汁、納豆、海苔（のり）、鯵（あじ）の開き、漬け物、果物などを食べたとします。しかし、これらの食品の中に、遺伝子や細胞の段階から「人間が作ったもの」は、ただの一品もありません。全て「神が創ったもの」ばかりです。

このことは当然、昼食や夕食についても、同じことが言えるのです。

要するに、神によって創られた食料が無ければ、あなたは自分の命を保つことができないのですから、**「神とあなたは密接不可分の関係にある」**のです。

この関係は人間だけではなく、地球上の全ての野生動物にも当て嵌（はま）ります。

例えば、陸のゴリラ・キリン・クマなど、海のクジラ・マグロ・タコなど、空のタカ・ワシ・ツバメなど、その他の無数の生き物についても、その個体の命が安全に保たれるように、その種の特性に応じて、この地球上にはエサを用意されているのです。

そのエサは「人間が作ったもの」ではなく、全て「神が創ったもの」ばかりです。

例えば、最も身近なスズメで考えてみると、あの小鳥は毎日（何年も）、エサをついばんで生きています。地球上に何億のスズメがいるか知りませんが、その個体を養うだけのエサを、人間が用意できるでしょうか。絶対に不可能です。

ですから、地球上の全ての野生動物を生かしている、生態系や食物連鎖のシステムも、「神の叡智」によって創られているのです。

つまり「**ダーウィンが来た**」から、地球上の全ての野生動物が生存しているのではなく、「**神が実在する**」からこそ、全ての野生動物は生きていられるのです。

神が実在している身近な証拠（その7）

あなたの身体は神によって創造された

自分は無神論者だから、神との関係など全くない、と考えている人がいるかも知れません。ところが、小宇宙とも称されるあなたの身体には、神によって創造された精妙で神秘で完璧な仕組みが備わっているのです。

例えば、怪我をして少し出血したとします。その血はやがて固まって止まります。

しかし、体外に出た血が凝固するには、10種類以上ものタンパク質の分子（成分）が順序よく作用しなければなりません。しかも、そのうち1個でも欠けていると血は止まらず、血友病のような状態になって、大変なことになってしまいます。

ですから、普段は気づいていない簡単なことであっても、そこには人知を超えた高性能のシステムが、神の叡智によって完璧に備えられているのです。

あなたの怪我の出血は、その完璧な凝固システムによって無事に止まるのです。

また、生爪を剥がした場合でも、日数が少し経つと爪の下から自然に柔らかい肉が盛り上がってきて固くなり、もとの爪と同じ状態になります。

この神秘な治癒力こそ神の叡智の為せる業です。無神論者が生爪を剥がした場合でも、もとの爪と同じ状態に復元するので、神は何と寛大なのでしょうか。

このような身近な例を挙げるとキリがないが、あなたの身体と神の叡智は密接不可分の関係でつながっていることを忘れてはなりません。

「iPSの研究も、神なくしてあり得ない」

ノーベル賞を受けた山中伸弥氏（京都大学教授）をはじめ、iPS（人工多性能幹細胞）

の研究に携わっている研究者は、遺伝子を医学的に操作して万能の細胞を作り、人間の失われた身体機能を回復させることを目的にしているので、それらの研究者には深甚な敬意を表します。

遺伝子を操作するにしても、その遺伝子は「人間が作ったもの」ではなく、「神が創ったもの」です。神が創った遺伝子というのは、どのくらいスゴいものか、ここで復習してみましょう。（先に挙げた例と、別な計算の例でみると）人間の細胞の中にあるＤＮＡ（設計図）は、地球と太陽の間を「**３００回以上も往復するほどの距離**」になるというのです。

しかも、そのＤＮＡは「１ミリの50万分の１」という超極小のテープに書き込まれていて、身体全体のＤＮＡの総数は、その60兆倍にもなるのです。

これほどスゴいものが偶然に出来ることは絶対にあり得ないので、遺伝子というものが細胞の中にあること自体が、神が実在していることの確かな証拠です。

ですから「**神なくして、ｉＰＳの研究もあり得ない**」のです。

このような神秘的な分野の研究をされている医学者は、神の実在を信じているものと推測されますが、日本の医学界は、それを公言できる環境が整っていないので（心では思っていても）外部に向かっては何も言えないのです。

ところが『人は死なない』という本の著者でスピリチュアリズムの信奉者としても知られている矢作直樹氏（東大医学部名誉教授）によると、医者の仲間うちの話として、神の実在を信じている医者は、案外に多いということです。

特に、遺伝子の全暗号の解読に世界で初めて成功した故・村上和雄氏は、サムシング・グレート（神）は「宇宙を創り、人間を創り、全ての自然と生物を創り、更に、人間の魂も創ったのである」と若い頃から発言されていた科学者です。

「この世には、2種類の人間しかいない」

2種類というのは、男性と女性の2種類ではありません。

「神の実在を知っている人間」と**「それを知らない人間」**の2種類です。

とにかく、神という言葉を嫌いな人は、「人間は猿から進化した」という嘘の進化論は信じますが、「神によって最初から、人と猿は別々に創られたのである」という創造論は信じようとしません。

また、この世の万物は偶然に出来たという、ファンタジーの進化論は信じていますが、それらの万物は「神によって創られたのである」という創造論は信じません。

しかし私たちが、この地球上で、安心して生活していられるのは、宇宙は勿論のこと、太陽系における惑星の構成と、その運行が安定しているからです。

太陽系には水星・金星・地球・火星・木星・土星などの惑星があり、それらの惑星は別々な軌道で回っているのに、互いに衝突することがありません。

それは、神によって完璧にコントロールされているからです。もし、太陽系の惑星が偶然に出来たのであれば、直ぐに崩壊してしまったであろうと思われます。

そうなれば、その瞬間に私たちの生活の基盤である地球も、この世も消滅していたのですから、神なくして私たちの命はあり得ないのです。

この原点を忘れている人が、神に対して不遜な振る舞いをするのです。

神が実在している身近な証拠（その8）

ノーベル賞の科学者が「非物質世界の実験」をする

近現代の科学の進展は、私たちに圧倒的な影響を及ぼしました。その結果、多くの人は科学で説明できないことは「そのこと自体がこの世に存在しないのだ」という考えに陥って、「霊や死後の世界」を否定するのが、当然であると考えるようになりました。

しかし、科学は「**物質と、物質エネルギーには通用するが、非物質世界には通用しない**」ことを忘れてはなりません。その最も解りやすい例が「霊と死後の世界」です。

近代の心霊研究は、アメリカのハイズビルという村から始まりました（１８４８年）が、その後、ヨーロッパではケンブリッジ大学の学長を会長にして、心霊研究協会（ＳＰＲ）が設立され（１８８２年）、第一級の科学者や文化人等が結集して、さらなる研究（検証）に取り組みました。

その結果、様々な霊現象は単なる妄想や錯覚ではなく「人間の死後の霊魂と深い関係がある」ことが証明されたのです。この実証的な研究によって、それまでは否定的であった科学者も霊魂の存在を認め、その流れが現在まで続いているのです。

「**死後の世界では、距離も時間も空間も、無関係である**」

例えば、この世で誰かと話をする場合には、その相手は「この世で生きている」ことが条件になります。しかし死後の世界では、その相手が生きていることが条件にはなりません。それは、死後の世界（四次元）では、この世（三次元）の時間軸とは、無関係なので、江戸時代に亡くなった守護霊とも、昭和の時代に亡くなった、お爺さんやお婆さんとも、この世と全く同じ感覚で話すことが出来るからです。

この一事(いちじ)だけを考えても、非物質の「死後の世界」では、この世の科学が通用しないことが、理解できるものと思います。

科学万能主義者は、霊の世界が存在していること自体を、認めたくないのでしょうが、しかし実際には、霊の世界が存在していることの証拠として、次に、ノーベル賞を受賞した科学者による実験の例を挙げてみます。

「ノーベル賞を受賞した科学者が行った実験」

１９１３年にノーベル医学・生理学章を受章したパリ大学教授のローベルル・リシュは、専門の血清療法の研究の他に、心霊研究にも熱心に取り組み、特に「霊の物質化」に関する実験を２００回ほど行いました。結果として、霊の物質化が確かな形で現れることは少なかったが、カーテンが異次元の力で押し上げられて膨らむ、という現象のほうが多かったようです。

その実験の一環として、あの有名なキューリー夫人（ノーベル賞を2回受賞）も同席して行ったことがありました。

被験者の両腕を、リシュとキューリー夫人が片方ずつ握って、テーブルの上に置いたところ、被験者の頭上のカーテンが大きく盛り上がってきました。

リシュが片方の手で触ってみると男の腕のように感じました。「この手にリングが欲しい」と言うと、手にリングがある感触がありました。次に「ブレスレット」と言うと手首にブレスレットが掛けられた感じがしました。

続いて「この腕が、私の手の中に溶け込むように」と言うと、リシュに掴まれていた男の腕は、強く振り払うような感じで消えてしまったというのです。

この現象は、科学の概念を超えて、他界（異次元・非物質の世界）からの力によってもたらされたことの証拠です。

後に、リシュは長年の研究成果をまとめて『心霊研究30年』という本を出版しましたが、その中で「あれは不合理な事であったが、真実である」と述べています。

つまり、自分が体験したのは科学の範囲を超えた事柄なので、科学の理論では説明できないが、嘘や偽りではなく「本当の事だった」と語っているのです。

この2人の科学者による実験から「物質と、物質エネルギー」の分野でないものには、科学は通用しないことが、ご理解いただけたものと思います。

このように、西欧では100年以上も前から第一級の科学者によって、非物質の世界に対する研究が行われていたのです。日本では、この分野の研究が遅れているように思いますが、インターネットで検索してみると、相当数の科学者が創造論の支持者であることが解ります。

中でも、核融合エネルギーの研究で世界的に知られている、故・吉川庄一氏が「私は、宇宙の全ての生命は神によって創造されたものと考えている。人類も神によって創造されたものと考えている」と語っていることに、感服するばかりです。

創造論というのは、ユダヤ教・キリスト教・イスラム教などの、何十億人もの人々が信じている考え方であり、特に、アメリカでは国民の約7割強が信じていると言われています。

パスツールによって生命自然発生説が否定され、進化論が「**何の証拠もない真っ赤な嘘だった**」となると、残るのは「創造論」しかありません。しかし、消去法でそうなったのではなく、もともと正しいものは「**創造論だけ**」だったのです。

神は、目に見える「この世」と、目に見えない「死後の世界」の両方を創造されたので、次からは目に見えない「死後の世界」についての話です。

目に見えないと言っても、神によって創造されたのですから、決して荒唐無稽な世界ではありません。

いつか必ず、一人の例外もなく赴く所なので、地上生活の間に正しい予備知識を身に付けておくことが望まれるのです。

第三章　「メメント・モリ」と「チベット死者の書」

「この章の目的」

古代ローマの時代から、ラテン語で「メメント・モリ」という言葉があります。メメント・モリ（死を想え）という言葉には、死後の世界は確実に存在しているのだから、この世を「傲慢にならず謙虚に生きなさい」という意味が含まれています。「チベット死者の書」にも、同じ趣旨で、次のような言葉があります。「死ぬことを学ぶことによって、汝は生きることを学ぶであろう。死ぬことを学ばなかった者は、生きることを何も学ばずに死ぬことになるであろう」

このように人類は大昔から、肉体の死は、人生の終点ではなく、その後にも霊（魂）は生き続けることを知っていたのです。

では、死後の世界は、どのような所なのか、次に、ほんの一部を挙げてみます。

・永眠している所ではない。修行すれば向上進化が可能である。
・飲食も排泄もしない。病気もしない。老化もない。生活費を稼ぐ必要がない。

・時間も距離も空間も関係ない。壁でも屋根でもスッと通り抜けることができる。
・思った所へ瞬間的に移動できる。
・霊が暮らしている境涯は千差万別である。
・怠けたいと思えばいくらでも怠けることが出来る。

等々、**この世の常識では、とても信じられないような事柄ばかりです。**

しかし、私たちが住んでいるこの世も、それに負けないくらい不思議な所（第二章）ですので、この世を完璧に創造された「神の偉大な叡智」をもってすれば、死後の世界を創ることなど何の造作もないことです。この視点を忘れている人が、死後の世界だけを殊更に不思議がるのです。そして、否定さえもするのです。

まあ、不思議なことは確かですが、その入り口の周辺を、少しだけ散歩するような感覚で理解しようとするのが、この章の目的です。

死後の世界は、科学者が無関心だっただけ

W・H・エバンズ（霊能者）は『これが死後の世界だ』という自著の中で「死後の世界を信じることは宗教ではなく、科学を信じることだ。科学者が、この分野に無関心だったから未発達なのだ」と述べています。

つまり、神は目に見える「この世」と、目に見えない「死後の世界」の両方を創造されたのですが、一般の科学者は目に見える世界の研究は熱心に行ったが、目に見えない世界の研究は熱心でなかったので、その分野（死後の世界）は、未発達の状態で残っているのだ、と言っているのです。

科学者が「霊や死後の世界」の研究をすると、「あー、彼はもう一丁あがりだ」と陰口を言われる時代が長く続いたので、個人的には、死後の世界が存在していることを信じていても、周囲からの陰口を怖れて研究ができなかったのです。

しかし、シカゴ大学の女性医師であったキューブラー・ロス博士（2004年歿）は、非難を恐れず何千人もの終末期の人に寄り添って、「死に関する研究」の第一人者となり

ました。しかし、多くの科学者から「ハゲ鷹」とまで非難され、霊や死後の世界を認めない夫（医師）とも離婚することになってしまいました。

そのような状況であっても、長年の研究をまとめた『死ぬ瞬間』や『死後の真実』という本を書いて、死後の世界が存在していることを医学界に訴え続けたのです。

また、アメリカやヨーロッパの多くの大学で講演を行ったことで、20もの大学から「名誉博士号」を贈られています。彼女は、肉体の死後も人間の魂は永遠に続くことを確信して、**「死は蛹**（さなぎ）**が蝶になるようなものだ」**という言葉を残しています。

そして、死後の世界の存在を疑う人には**「あなたもいつか逝ってみれば解りますよ」**と言うことにしていました。

彼女は、多くの医者（科学者）が非難を怖れて研究しなかった未開の分野を、独りで開拓に励んだ医学者だったのです。

次に、もう一人、死後の世界の存在を確信している医学者を挙げてみます。

「科学と、死後の世界の存在は、矛盾しない」

ハーバード大学の脳神経外科医として、世界的な権威であったエベン・アレグザンダー博士（1953年生〜現在）は、54歳の時に質（たち）の悪い細菌性の髄膜炎に罹（かか）って7日間も昏睡状態に陥りましたが、奇跡的に回復して何の後遺症もなく完治しました。

エベン博士は昏睡状態の時に臨死体験をしたのですが、その際に30代の見知らぬ女性から「あなたは多くの人を救って愛されているのですから、（地上に）お帰りになってはいかがですか」と声をかけられたのです。

実は、エベン博士は生まれて1年も経たないうちに養子に出されたのです。実の両親は、まだ高校生だったので、周囲の説得に応じてそうしたのですが、成人してから2人は正式に結婚して、後に弟と妹（2人）に当たる子供が生まれました。

養子に出されてから53年後に、エベン博士と実の両親は再会することになるのですが、下の妹に当たる女性は、36歳の若さで他界していました。

エベン博士は上の妹から、下の妹の写真を見せられて驚きました。それは、臨死体験の時に地上に帰るように促してくれた、あの女性だったのです。

エベン博士は昏睡状態の時に施された、自分の治療記録を徹底的に調べて、大脳皮質（言語・認識・記憶などを司る部位）が大きなダメージを受けていて、あたかも電源を切られたテレビと同じ状態になっていたことを知り、愕然としました。

その状態なのに、トンネルを潜(くぐ)って光の空間に出たり、美しい旋律の音楽を聞いたり、無数の蝶が乱舞する情景を見たり、あの女性に出会たり、様々な「あり得ないこと」を体験したのです。

エベン博士は、妹が他界していることは知らないのだから、自分が見た「妹の姿」は、脳の誤作動による錯覚や幻覚ではないのです。

以前に、自分が手術した何人もの患者から「死後の世界を見た」という話を聞いていたので、自分も「死後の世界を見たのだ」と確信したのです。

若い頃には唯物論的な世界観を持っていて、死後の世界を否定していたエベン博士でしたが、自分自身が臨死体験をしたことで、若い頃からの世界観を１８０度転換させて、「**自分が人生を捧げてきた医学（科学）と死後の世界が存在することは矛盾しない**」ことを確信したのです。

その結果、唯物論的な科学者が「科学と霊的なものは相容(い)れない」と言ってきたことは間違いであり、今後の科学は「**非物質の世界にもワクを広げて研究すべきである**」と強く主張して、自分の臨死体験をまとめた『プルーフ・オブ・ヘヴン』（天国の証明）という本を出版しました。この本は医学界に衝撃を与える内容なので、世界的なベストセラーとなり、日本でも多くの人に読まれています。

ハーバード大学の医学部を退職した現在は「**死後の世界が存在することを知ったのは、無上の喜びである**」という世界観を広めるために、世界各地で講演を行っています。


キューブラー・ロス博士の研究にしても、エベン博士の体験にしても、「死後の世界を信じる」ことは、エバンズの言葉のように、まさに「科学を信じること」なのです。

ですから、エベン博士の言う通り「**科学と死後の世界が存在することは、矛盾しない**」のです。

それは、両方とも神によって創造された領域ですから、もともと矛盾しないのですが、今までは科学者を含めて多くの人が、無理解だっただけなのです。

ですから、今後の科学界には、物質世界も非物質世界も区別することなく、研究しなければならない課題が与えられたのですが、その研究は第一級の科学者によって、すでに始まっています。

2020年（令和2年）にノーベル物理学賞を受賞したロジャー・ペンローズ（イギリスの物理学者・科学哲学者。1931年生～現在）は、量子脳理論を研究する立場から、人間の意識（霊魂）について言及し、世界の科学者に大きな影響を与えています。

彼は、人に意識があること自体が、宇宙が存在する理由であり、肉体の死に際しては、意識を物質の最小単位である素粒子よりも小さいものと仮定し、心臓が止まると意識は体外に出て、宇宙に留まるか、別の人間として転生するか、そのどちらかであると語っています。

今後はペンローズの言葉のように、霊魂や死後の世界についても、科学の一分野として研究する科学者が増えてくるものと思われます。

死後の世界に対する予備知識・初級編（その2）

救急医療の進歩が、結果として臨死体験を認知した

重い病気や大きな怪我で命の危機に瀕した際に、時として「死後の世界」を垣間(かいま)見ることがあります。それを臨死体験と言いますが、以前は、それらの話をしても無視されるばかりで、誰も学術的に研究しようとはしませんでした。

しかし、心臓発作や脳卒中などで以前なら確実に死んでいた人が、近年の救急医療の進

歩によって意識を回復して、一時的に死の状態にあった時の体験を語る事例が世界各国で急増しました。

そこで、死後の世界に関心を持っている臨床医たちが、その具体的な事例を集めて研究を始めたのです。特にアメリカでは臨死体験の研究を積極的に行いました。

そのような状況の中で、医師で心理学者のレイモンド・ムーディによって、1975年に『かいま見た死後の世界』という本が出版されました。

この本は世界的なベストセラーとなり、臨死体験という概念が定着したのです。

臨死体験というのは死後の世界の入り口を、ほんの一寸（ちょっと）だけ覗（のぞ）いたということで、その先まで行って本当の「死後の世界」に入ってしまうと、もう戻ることはできません。

「臨死体験者が語る一般的な内容」

次は、ある臨死体験者の話です。

私は危険な状態に陥ったので、医師が懸命に蘇生させようとしていました。私は、その様子をベッドの2mほど上から眺めているのです。医師と看護師の会話も全部聞こえました。心臓の拍動を測る器械の波形が直線になっているのが見えました。

医師はすでに私の死を認めていたので、私は一時的に死後の世界に入っていたものと思います。しかし私には意識があり、移動して、少し離れたナースステーションの上を漂っているのです。その時は壁でも天井でもスッと自由に通り抜けることが出来たので、この世では絶対にあり得ない体験でした。

しばらくするとトンネルが現れたので、それを潜（くぐ）り抜けると、その先は眩（まぶ）しい光の世界で、そこで、愛と慈悲に満ちた存在に出会い「生前の世界に戻りたいか？」と聞かれたので、最初は戻りたいとは思わなかったが、何年か前に亡くなっていたお爺さんが現れたので、2人で相談して戻ることにしたのです。

そしたら、急にストンと落下する感じがして、自分の肉体に戻ったのです。私が死後の世界の入り口で彷徨（さまよ）っていたのは、おそらく30分ぐらいではないかと思います。

この人の体験はごく一般的なものですが、臨死体験の内容は人によって千差万別なので一律に語ることはできません。しかし概（おおむ）ね、次のような傾向になっています。

①医師による死の宣告を聞く。その後、実にあっけなく死の状態に移行する。
②外部から見ている感覚で、ベッドに横たわっている自分の姿が見える。
③自分の意識が、この世の現実から、あの世（別次元）に移り始める。
④この世とは別次元の感覚で、トンネルを潜り抜けて、眩しい光の世界へ出る。
⑤生前に親しかった人たち（死者）と再会する。
⑥神々しい光の存在と対面して、何らかの対話をする。
⑦もう、それより先には進めない境界に達して、気がつくと生き返っている。

「著名な心臓外科医も臨死体験を認めている」

心臓外科医として有名な南淵明宏医師（昭和大学医学部教授。１９５８年生）は、心臓の手術を受けた人が、意識を回復してから臨死体験の話をするのを、自分も他の医師も看護師も、何十回も聞いているので、霊や死後の世界が存在していることを、何の疑問もなく**「当たり前のことである」**と認識しているそうです。

特に、心臓手術から回復した人が、自分の手術中の様子ばかりでなく、同じ時間帯に、隣の手術室で行われていた帝王切開によるお産の様子を、まるで見ていたかのように、こと細かに話すのを聞いた時には、その内容が事実であったので、肉体から独立した存在としての霊（魂）があることを確信したそうです。

このように現在の医学界では、臨死体験を認めることが普通の状態になっています。ですから、臨死体験を単なる「脳の誤作動」であると頑(かたく)なに考えている医師や科学者は、科学を超えた事象を認識する資質に欠けているのです。

「あなたは、他人に危害を加えたことは、ありませんか」

アメリカのダニオン・ブリンクリーという25歳の男性は、落雷に感電して即死してしまいました。ところが、救急車で搬送された病院で死亡が確認された後に、蘇生したのです。この話は新聞に載ったので、前述の、レイモンド・ムーディー博士が彼の家を訪ねて「死の状態」にあった時の状態（臨死体験）を詳しく聞き取りました。

次が、ダニオンさんが語った「26分間の死後の世界」での体験（要旨）です。

★子どものころは悪ガキだったので6000回ほどケンカをして、理由もなく殴った相手の怒りが、胸に突き刺さるように知らされた。

★特に小学校の時に、甲状腺でのどが腫れている同級生を苛めた時の、相手の悲しい気持ちが強烈に伝わってきた。

★アメリカ軍に入隊してベトナム戦争に派遣された時に、自分が狙撃したベトナム軍の大佐や政府高官の嘆きや、家族の悲しみが痛いほどの感覚で伝わってきた。

★これは1975年のことだったが、今後、ソ連の崩壊、湾岸戦争、チェルノブイリの原発事故が起きることを知らされた。（事実、その通りになった）

★「光の存在」から、人間は一人一人が鎖の輪であり、その輪が他の輪に影響を及ぼすので、自分勝手なことを考えていてはダメなのだ。他人に対する優しさ・愛・思いやりの心を持って生きると、それが自分に返ってくるので、自然と周りの人の役に立ちたい気持ちになる。それが「宇宙の仕組みの一つなのだ」と諭された。

★人生の目的は、よりよい社会を作ることなので、自分のできること（得意なこと）を、精いっぱい努力して世の中（他人）の役に立つことなのだ。それには、心と身体を健康に保つよう心がけて、宇宙や自然、それらを創った実在（神）に感謝して生きることが大切なのだ、と教えられた。

ダニオンさんの臨死体験には、ソ連の崩壊や湾岸戦争など、将来、人間社会に起こる事柄が含まれているので、これは「脳の錯覚や誤作動」でないことの証拠です。

ダニオンさんは除隊後に、中南米のある国に武器を運ぶ仕事に就いたが、結果として、その武器で殺された人々の嘆きや悲しみを（死後の世界で）知らされたのです。

その上に「人生の目的」までも教えられたのですから、この臨死体験は肉体の死後には霊（魂）の還る世界があることを多くの人に知らせるための、まさに「光の存在」からの「霊界通信」であったというように考えられます。

ダニオンさんは後に、この臨死体験を『未来からの生還』『死後の世界を知れば人生が輝き始める』という本にしています。

「臨死体験を支持する学者が増えている」

先述の、エベン・アレグザンダー博士が、自分の臨死体験を書いた『プルーフ・オブ・ヘヴン』という本がベストセラーになったことで、世界各国で臨死体験を支持する学者が多くなっています。

京都大学のカール・ベッカー教授（宗教学）も、その1人です。

臨死体験を否定する人は「脳の誤作動説」と「脳の再起動説」の2面から攻撃しますが、次の例は、その2説に当てはまらないので、簡単に紹介します。

ある少年が交通事故に遭って、脳が飛び出るほどの重傷を負い、45日間も意識不明でしたが、50日目に意識を回復して、その間に体験した内容を話したのです。

暗いトンネル、お花畑などの体験もしたのですが、通常の体験とは違う点は「知らない男の人から強い調子で、早く帰れ」と言われたことでした。

母親は、少年が語る口ぶりや体つきの様子から、その男の人は自分のお爺さん（少年の、ひいお爺さん）ではないかと考えて、古い写真を見せたところ、少年は「この人だ」と叫んだのです。少年は、ひいお爺さんの顔を知らないのだから、脳の誤作動説も再起動説も当てはまらないのです。

宗教的な立場から臨死体験を研究しているカール・ベッカー教授に、この事例の判定を依頼したところ、教授は全容を詳しく調査して、この事例も確かに臨死体験であることを認めて、「臨死体験を単なる脳の錯覚や幻想として片づけてしまうのは、科学的でない」と語ったのです。

私たちは、いつか、死後の世界に入ると、ビデオテープを再生するようにして、地上での生活を見て反省させられます。あなたには、他人に危害を加えたことなど、なかったでしょうか。特に、悪事の場面は何回も何回も繰り返して見せられます。これは大変につらいものと思われます。

とにかく、私たちの人生は「肉体が死んだら終わり」ではないので、今後の生き方を慎重にして「往ってからのお楽しみ」という気持ちで大らかに暮らすことが大切です。

死後の世界を知ることは〝縁起の良い話〟である

死後の世界に対する予備知識・初級編（その3）

死後の世界の話をすると「そんな縁起の悪い話は止めてくれ」と言う人がいます。

しかし、その考えは縁起のよい人生を、自ら遠ざけてしまうものと思われます。

先ごろ、親が自分の子供を虐待して殺してしまった、という事件がありましたが、その親は自分の虐待が、いつか、カルマ（報い）として出来(しゅったい)する「大自然の法則」を露ほども知らなかったものと思われます。

また、オレオレ詐欺などに加担している若者も、老い先の短い人たちから、お金を騙し取る行為が、どれほど自分の魂を汚しているのか、全く知らないのです。

この世ではオレオレ詐欺を働いても、子供を虐待しても、殺人をしても、その他の犯罪をしてもバレなければ、その罪から逃れることが可能です。

しかし、死後の世界では、心の中で思ったことは瞬時に相手に察知されてしまう仕組みになっているので、絶対に隠し事はできません。まして、他人に与えた危害などの罪が、バレないで済むことはあり得ないのです。このように「**死後の世界での罪は瞬時にバレてしまう**」のです。それが「大自然の法則」です。

「死後の世界では、利己的な振る舞いが最大の罪になる」

人は死んでも、地上生活で持っていた性格は何も変わらないので、他人を犠牲にして権力や地位を得た人は死後の世界でも、そのクセが出ます。そういう人は悪い事をしても、バレなければ隠し果せるだろうと考えています。

しかし死後の世界では、瞬時に自分の心の中が相手に見透かされてしまうので、そういう人の霊は、恥ずかしくて、明るい境涯に住むことはできません。そこで、自分から下層の薄暗い境涯に逃げ込むのです。このような理由で地上では羽振りのよかった人の霊が、死後の世界では惨めな境涯に堕ちている場合があるのです。

　このような死後の世界の法則を知った上で、地上生活を送ることは「縁起の悪い話」でしょうか、「縁起の良い話」でしょうか。

　この章の初めに挙げた「チベット死者の書」の、死ぬことを学ばなかった者は、生きることを何も学ばずに死ぬことになるだろう、という言葉の内側には、この世でも、死後の世界でも「縁起よく生きる」ことの意味が含まれているのです。

「死後の世界があると、困る理由があるのですか」

　死後の世界を否定する人は、死後の世界が存在すると、何か人に言えない困る理由でもあるのでしょうか。

　常識的に考えて、オレオレ詐欺や強盗や人殺しなどをした人は、困るかも知れないが、ごく普通に生活している人にとっては、何も困る理由がないはずです。

　とにかく、死後の世界が存在することで、私たちが損になることは何も無いのですが、次のような「死の意味」を理解しておくことが必要です。

私たちがこの世で身に付けた「我(が)」は、いわば「エゴ(垢(あか))」の塊です。そのエゴの垢を、今度は、死後の世界で落とさなければなりません。その垢落としをする作業(修行)の出発点が「人の死」であるのです。

つまり、私たちの死後には「**垢落としの作業をしながら、下層界から上層界へと徐々に進化向上して、霊格を高めるための旅**」が続くのです。

垢落としの作業は一回だけの人生では無理なので、何回でも生まれ変わって続けなければなりません。それが転生の理由です。ですから、死後の世界は「永眠している所」ではないのです。

眠ってはいないまでも、霊は、怠けていることも自由、進化を求めて努力することも自由ですから、死後の世界では、それぞれの霊に大きな差が出てきます。

私たちの人生は「肉体が消滅したら終わり」ではないので、その事実を理解して生きることが、「メメント・モリ」の精神です。

死後の世界に対する予備知識・初級編（その4）
肉体の死後、チリや芥にはなりません

令和2年に『死という最後の未来』（作家・曽野綾子氏と元東京都知事・石原慎太郎氏の対談）という本が出版されました。次は、その2人の発言の一部です。

Δ石原慎太郎氏…死ねば意識は瞬時に消え去る。魂も無くなる。息を引き取ったら一瞬でチリ芥になる。霊は人間の想念が作ったもの。死後は虚無である。

Δ曽野綾子氏…神の存在なしに人間はあり得ない。肉体の死は命の消滅ではなく、永遠に向かっての「新しい誕生日」という意味である。

また、何年か前に『人は死ねばゴミになる』という本を出版した検事総長がいましたが、肉体の死後に、私たちの霊魂は「チリや芥やゴミ」には、決してなりません。

肉体の死後にも、魂（霊）の浄化の旅は永遠に続くのです。

そのことを、忘れてはなりません。

死後の世界は「思念の世界」ですから、「チリや芥やゴミ」になると思っている人の霊は、本当に「チリや芥やゴミ」の境涯に堕ちてしまう危険があるので、注意しなければなりません。

その点に関して、F・C・スカルソープという霊能者は『私の霊界紀行』という本の中で、「地上生活で霊的に無関心であった者は死後の世界に入っても、そう簡単に精神的な変革は起こらない。変革しようとしても、その要素がひとかけらも無いからである」と語っています。

そうならないためには正しい予備知識が必要です。それが有るのか、無いのか、その違いによって今後の人生においても、いつか必ず往く「死後の世界」においても大きな差が出てくるものと思います。あなたの人生を「縁起よく生きる」ために、ぜひ知っておいて欲しいものです。

死後の世界を否定する人にも守護霊は付いているので、守護霊にしてみれば、自分が支援している人間が「死後の世界」に無知であることに、さぞ、心を痛めているものと思われます。自分の守護霊を悲しませてはなりません。

人間は、死んだことで霊になるのではありません。もともと霊界で生活していた霊が、生まれ変わり（転生）によって肉体を伴って地上に降りてきて、地上での生活が終わると、また、もとの霊界に還って「霊としての生活」を続けるのです。

ですから、肉体の有る無しに関わらず、霊は、地上生活と霊界での暮らしの「**2種類の生き方**」をしているのです。

現在、あなたの肉体は「霊の容(い)れ物」として、この地上で、食べたり笑ったりして生きています。それは「2種類の生き方」の中で、今は「肉体を具えた霊」として、一時的に、この地上で生活している、ということです。


「永遠の霊にとって、この世での生活は一瞬の寄り道にすぎない」


この世だけが全てであると考えている人は、死に対する予備知識を持っていません。そういう人の霊は死後の世界で、低級霊の誘惑を受けて、思いもよらない災難に遭うことがあるので、注意しなければなりません。

肉体の有無に関わらず、霊は永遠の存在であることを理解している人は、今回の人生は「大自然の法則」による転生の一回で、ほんの少しの時間だけ、地上に立ち寄ったのである、ということを知っています。ですから、他人に対して寛容になり、心穏やかに生きることができるようになります。

また、臨死体験を経験した人は死後の世界が素晴らしいことを知っているので、死に対しての恐怖心はほとんど無くなり、この世に生き返ったことが残念だった、とさえ言う人がいるほどです。

いずれにしても、肉体の死後に「**チリや芥やゴミになるのではない**」ことを理解すると、死後の世界へ持っていけるのは、地上での学歴・地位・財産などではなく、「偏りのない学識・霊的な意識・他人に対する思いやり・大いなるものに対する尊崇の念」といったものであることを認識できるようになり、その認識が魂のエネルギーを強くして、霊的な波動を高めていくのです。

死後の世界に対する予備知識・初級編（その5）
霊界からこの世は「丸見え」である

この世と霊界（死後の世界）は渾然一体（重なり合っている）の状態なので、霊界からこの世は丸見えです。ですから、あなたに関わりのある霊は、常にあなたの行動をじーっと見つめていて、時には幸運のチャンスを与えたり、時には災難から逃れるように導いたりしています。

とにかく、霊（低級霊）は電車の中にも、歩いている道にも、レストランにも、会社の中にも家の中にも、至る所にウヨウヨしているので油断できません。

しかし、自分から低級霊に同調する波長を出さなければ、彼らは憑依できないので何も心配いりません。

逆に言えば、低級霊を呼び寄せてしまうのは自分にスキがあるからで、その責任は自分にあるのです。

「人間を不幸にする唯物論」

人間は死んだら何もかも消滅して、「完全な虚無になる」と考える唯物論ほど恐ろしいものはありません。死後が虚無なら「今さえ良ければよい」と考えます。

その次は「自分さえ良ければよい」という考えになり、結局は「エゴイズムの塊」になってしまいます。そういう人間は、法律に引っかかるのは間抜けな人間だ、と考えるようになって、法律の網をくぐり抜ける算段をします。

この世に極めて反社会的な教義があるとするならば、それは「死後は虚無である」と考える唯物論にほかなりません。

人間は唯物的になればなるほど、神に対して反逆の度合いが強くなり、霊的な波長が低くなるので、そのような世界観の持ち主は、死後の世界では「相当に惨めなもの」になるものと思われます。

いかなる教義であろうとも、自分の「自由意志」で選んだことなので構わないが、そういう人間も、いつかは必ず死を迎える時が来るので、死後が虚無であるかどうかは、死後の世界に往ってみれば、すぐに明確な結果が出ます。

しかし往ってからでは遅いので、唯物論者が死んでから悔やんでいる事例を、次に挙げてみます。

「高学歴で唯物論者（無神論者）であった人の嘆き」

アラン・カルデックが高級霊からの「霊界通信」を受けて著した『霊との対話』という本の中に、「高学歴の無神論者J・D氏の苦しみ」という事例が載っています。

J・D氏は高学歴であったが唯物主義者で、神も霊界も信じていませんでした。次は、死後2年が過ぎた頃に義理の息子の依頼で招霊された時の一部です。

（質問者はアラン・カルデック。★はJ・D氏の霊からの「返事」です）

【質問】Ｊ・Ｄ氏の霊を招霊します。
★……ああ、苦しい！　俺は神から見放された。
【質問】落ち着いてください。あなたのために神に祈りましょう。
★なんだと、俺に神を信じさせるつもりなのか。
【質問】可能なかぎり、あなたの今の状態を教えてください。
★死んだ後に、どうして虚無が存在しないのだ。かつて否定していたことを、全て信じなければならない為に、ひどく苦しんでいる。俺の魂は、まるで燃え盛る火の中に投げ込まれたみたいだ。本当に恐ろしい苦しみだ。
【質問】生前、どうして唯物主義者だったのですか。
★前の人生で、俺は意地の悪い人間だった。その為に今回の人生でも死後のことなど何も考えなかった。何しろ死後は「虚無だ」と思っていたからな。しかし、死んだ後になって、また、これからも苦しむことを知ったのだ。
【質問】今では「神も霊も死後の世界もある」ことが分かったのではないですか。
★……ああ、余り苦しくて、そういうことはよく分からない。
【質問】生前、あなたが属していた団体には、あなたと同じ考えの人が多かったようですが、彼らに何か伝えたいことはありますか。
★ああ、何と不幸な人たちだろう。彼らが死後の世界を信じられるようになるといいのだが。それが俺の望む最大のことだ。いま俺がどうなっているかを、彼らが知ることができれば、きっと彼らも考えが変わることだろう。

J・D氏のように「死後は虚無である」と考えていた人が、「死後にも命の続きがある」ことを知り、この世にいた時に自分が否定していた事柄を、死後の世界で全て認めなければならないのは、大変な屈辱であるように思われます。

「死後の世界が気になるのは、霊（魂）が知っているから」

私たちは、この世で、いかなる権力や財力を得ようとも、いかなる地位に就こうとも、自分の魂が死後に、どうなるのかも知らないようでは、人生の本当の目的や意義を理解したことにはなりません。その上に、俺の魂は燃え盛る火の中に投げ込まれたみたいだ、と嘆いて後悔するのも、何と辛いことでしょうか。
皆さんは次のような話を聞いたことはないでしょうか。若い頃には無神論者を気取って威勢のよかった人が、病気で寝込むようになってから、しきりに「死後の世界の有無」が気になり出して、それを家族に聞くようになったというのです。

人間は生まれ変わり（転生）によって誰でも、すでに何回も「霊界で暮らしている」ので、自分の魂は、それを知っているのです。だから気になるのです。

外国にもそういう人がいるようで、死期が近くと恐ろしくなって、死の1週間ぐらい前に、それまでは否定していたキリスト教の洗礼を受けて、何とか天国に紛れ込みたいと企むそうです。

死後の世界では日頃の生き方が問われるので、そういう疚（やま）しい企みが功を奏するはずがありません。おそらく、J・D氏と同じような結果になるのではないかと思われます。

自殺は「神の命令違反」である

自殺は、神から与えられた寿命を、自分で勝手に縮めてしまうことですから、「神の命令違反」に当たります。自殺することで、現世の苦しみから逃れようとするのは、その人が持っているカルマ（霊の負債・業）を解消するために、地上に送り込まれた人間にとって、許されることではありません。

自殺した人の霊は、肉体から無理やり剥がされた格好になるので、自分が死んだことに気づかないことが多いのです。自分では死んだつもりでも、よく見ると手もあり足もあり（霊体の）五体には何の変化もなくピンピンしています。

自殺する人は「**死ねば苦しみが終わる**」と思っていたのに、意に反して、まだ、死んでいないことに気づいて、今度こそ失敗しないようにしようと考えて、延々と自殺の行為を繰り返すのです。

これは、その本人にとっても、残された家族にとっても大変に不幸なことです。

自殺者の霊は、まともな幽界に入ることが出来ないので、人間界と幽界の中間あたりをフラフラと彷徨っているしかありません。

そのような時に質の悪い低級霊に誘惑されて、俗にいう地縛霊や浮遊霊などの仲間になって往々に、この世の人間に「悪さ」をすることがあります。中には誰でもよいから、自殺願望の人間に憑依して、仲間を増やそうと考える輩も出てきます。

そのような霊は自殺を願望している人間を見つけると、その人間に取り憑いて誘い込むのです。自殺の名所と言われる場所に、憑依霊がウヨウヨしていると言われるのは、そのためです。

それをすると自殺者の霊は、また、マイナスの代償を支払うことになるので、ますます低級な暗い境涯に堕ちてしまいます。

とにかく、自殺は何の解決にもならないばかりか、神の許可なく自分の寿命を勝手に縮めた罪を負うので、死後の世界でプラスになることは、何一つないのです。

そのことを、この世にいる間によく理解しておく必要があります。

通常の死の場合には、肉体と霊を結び付けている「魂の緒」が、自然に切れる仕組みになっていますが、自殺の場合には暴力的に断ち切られる形になるので、霊にとっては錯乱からくる苦しみの状態が長く続きます。

その苦しみの思念が下層界に通じてしまうので、そこから抜け出せないまま、長い年月が過ぎてしまう場合があります。ただし、自殺の動機の違いによって様々なケースに分かれます。例えば、生きる苦しみから逃れようとする自殺もあれば、利他の精神からやむを得ず身を犠牲にする自殺もあるので、その動機の違いによって斟酌（しんしゃく）される事情が一人一人みな異なります。

ですから、自殺者の霊が全て下層界に閉じ込められるということではないが、いずれにしても何らかの方法で、自分の過ちの償いをさせられることは間違いありません。

死後の世界に対する予備知識・初級編（その7）

幽界から遊びに来た「作家仲間」たち

『冥途のお客』（佐藤愛子著）という本に、すでに他界している作家仲間の遠藤周作氏・開高健氏・有吉佐和子氏らが、幽界で楽しく暮らしている話が載っています。

次は、その中の一部で、佐藤愛子氏の部屋に、その3人が遊びに来ている時の様子を、霊能者の江原啓之氏が、あたかも実況放送のように解説している場面です。

江原啓之さんと電話で話をしていると、江原さんが「遠藤周作先生……だと思うんですが、いま、佐藤さんの部屋に来ておられます」と言った。（遠藤氏は平成8年に他界）

遠藤さんは、生前、よく私に「君、死後の世界はあると思うか？」と訊いたので、私はすぐに言い切った。「あると思う……、ある……」。

「そんなら君が先に死んで、死後の世界があったら、幽霊になって出てきて、あったと言うてくれ。オレが先に死んだら出てきて、あった、と教えてやるから」。

遠藤さんとそんな話をしたことがあるので、約束を果たすために出てきたのである。

江原さんは「遠藤さんはクスクス笑って、死んでから半年ほどで、ここまで来るのは、なかなか出来ないことだと自慢してらっしゃいます」と言った。

それからすぐに、遠藤さんの姿は見えなくなったらしい。

「開高健さんと、有吉佐和子さんが現れる」

電話を切ろうとすると江原さんが「あ、ちょっと待ってください。遠藤さんの右横に、やや小太りで四角いような顔の男性が座っています。作家の方だと思うのですが……」。

私はピンときて「たぶん開高健さんでしょう」と言った。江原さんが「開高健さんですか」と訊くと、頷いたという。

「もう一人、女性がいます。ボーイッシュな感じの細身で、50歳ぐらいに見えます」と言う。江原さんが「どなたですか」と尋ねると、「わたしを知らないなんて、失礼しちゃうわね」

と言ったというが、あとで、有吉佐和子さんであることが判明した。

大半の人は「死んだら無になる」と思っているが、そう思うと、人は傲慢になり、低い次元の生き方に傾いていく。しかし「死後の世界がある」と分かると、人は謙虚に生きることが出来るので、物書きを職業としている私には、大いなるもの（神）の存在と、その意思を、多くの人に知らせる使命が課せられているのだと思っている。

「死後の世界を確信している佐藤愛子氏」

佐藤愛子氏は、40年以上も前から低級霊のイタズラに悩まされながら、多くの霊現象を体験してきました。その間に、著名な霊能者との交流を通じて、死後の世界が存在していることを確信して、自分の霊体験を多くの著書に書いていますので、次に、氏の死生観の要点を箇条書の要領で挙げてみます。

①肉体の死後にも、霊（魂）は生き続ける。
②私たちの周りには、あの世に往ききれない未浄化の霊がウロウロしている。
③それらの未浄化の霊に、憑依されない生き方をすることが大切である。
④私たちの霊（魂）は永遠に生きるので、死を恐れ悲しむ気持ちを持つ必要はない。
⑤あの世から「この世は丸見え」なので、日頃の言動に慎みが必要である。
⑥死んでから、この世の人に憑依するようなことをしてはならない。

「死後の世界を否定する人の自己矛盾」

統計数理研究所が実施した日本人の国民性調査（２０１３年）によると、死後の世界の存在を「信じる」と回答した人が約40％で、「信じない」と回答した人が約33％となっています。死後の世界を信じないということは、人の死後は虚無なのだから、死者の霊（魂）は存在しない、ということです。

それは「**自分の血筋につながる先祖の霊は**、**一人もいない**」ということです。

しかし、家に仏壇があり、先祖代々の墓があり、お盆やお彼岸などの仏事をしているのは、「先祖の霊が存在している」と考えているから、そうしているのではありませんか。

自分の血筋につながる先祖の霊が一人もいないのなら、仏壇や先祖代々の墓などは全く無意味な邪魔物なので、そんなものは、とっとと壊してしまえばよいのです。

また、墓参りや先祖の年回忌などの仏事も、一切、行なう必要がありません。

しかし、死後の世界を「信じない」と回答した33%の中で、仏壇がない人、先祖代々の墓がない人、墓参りをしない人、お盆・お彼岸・先祖の年回忌などの仏事をしていない人は、おそらく一人もいないのではないかと思われます。

仮にそうなら、33%の人は言行不一致（自己矛盾）の生活をしているので、先祖代々の墓や仏壇を壊して、自分の信念と日常の生活に矛盾がないようにして欲しいものです。

それを実行しないのなら「死後の世界を信じない」などと、無分別に言うべきではありません。

「徹底した唯物論者から、心霊研究の大家へ」

『体外離脱体験』の著者である坂本政道氏（１９５４年生～現在。東京大学物理学科卒・トロント大学電子工学科終了）は、徹底した唯物論者でしたが、アメリカの会社に就職した縁で、モンロー研究所のヘミシンクという方法で「死後の世界」を体験しました。

そこで、心霊研究に取り組んだところ、自分も霊魂の「体外離脱」ができるようになり、その体外離脱の経験から、次のような確信を得たのです。

★人間には肉体の他に、もう一つ「肉体から独立した自己」が存在する。それは、肉体の死後に**「あの世に還る自分（霊魂）が存在する」**ということである。
★体外離脱の体験から、それまで信じていた世界観（唯物論）を、きっぱりと捨てざるを得なくなった。
★科学は物質と物質エネルギーには通用するが、非物質世界の霊や死後の世界には、通用しないのである。

そして、長年の心霊研究をまとめて『明るい死後世界』『死後探検』『死後体験』など、多数の本を著して、日本の心霊研究を推進する立場で活躍されています。

人間が犯す罪の中で最大の罪が「神に反逆し、神が創造した霊や死後の世界を否定」することです。知性豊かな坂本政道氏は、唯物論を捨てることで、その最大の罪を免れることができたのです。

「死後の研究」の第一人者であったキューブラー・ロス博士と同じように、佐藤愛子氏も死後の世界を否定する人に出会うと「そんなら、あんたも死んでみなはれ、すぐに解りますよ」と言うことにしているそうです。

とにかく、往ってみれば解るのですから、先ほどの33%の人も「人間として最大の罪」を犯すことのないように願うばかりです。

第四章　「死後の世界」で早く進化向上するために

「この章の目的」

19世紀の中頃から心霊研究が世界的に進展し、著名な霊能者と第一級の科学者が中心になって、その真偽を確かめる取り組みが盛んになりました。しかし「そんなもの、あるはずがない」と言って、ハナから否定する科学者がいたことも事実です。

ところが、心霊研究に取り組んだ科学者は、一人の例外もなく「霊と死後の世界は存在する」という声明を出したのです。それは、心霊研究をしたことで「神が創造された真実」に気づいたのだから、当然の結果だったのです。

死後の世界は千差万別ですが、私たちの霊（魂）が努力によって到達可能な上層界は、いかなる天才的な画家であろうとも、その美しさを描くことはできません。

また、いかなる大詩人であろうとも、その優美さを表現することはできません。

ですから、いつか、その情景を自分の目で見るまでは、神が創造された「死後の世界」を否定することは、人間にとって極めて不遜なことなのです。

前章のJ・D氏のように、肉体の死後にも魂の続きがあることを知り、「俺の魂は燃え盛る火の中に投げ込まれたようだ」と嘆くのも、非常に辛いものと思います。

「もっと早く知っておけばよかった」と後悔しても遅いのです。

ただし、死後の世界に還ってからでも、早く気づいて努力すれば、進化のチャンスはいくらでもありますので、自分は必ずその美しい境涯まで行くのだ、という意欲を鼓舞して、この現世を生きることが望ましいと思います。

私たちは、死後の世界が存在しても困ることは何もないのです。困るどころか、今のうちから正しい予備知識を身に付けておくと、いつか必ず還った時に、より早く進化できるのです。

ですから、この地上で生活している間に、死後の世界の様々な仕組み（法則）を理解して、大らかで元気に、そして心穏やかに頑張っていただきたいのです。それが、この章の目的です。

死後の世界に対する予備知識・中級編（その1）

最初は、ざっと頭に入れておく

20世紀最高の霊能者と称された、エドガー・ケイシー（アメリカ。1945年歿）の功績は「人間の本質は永遠不滅の霊（魂）であり、それは肉体を超えた存在である」という事実を明らかにしたことです。

彼は生涯を通じて2万人を超える依頼者の前世を霊視して、前世から持ち越した性格や才能、あるいはカルマを指摘して「**今回の人生をより充実させる**」ように導きました。

前世を霊視したということは、依頼者の前世と現世（今世）の中間には、霊が暮らしていた「霊界（死後の世界）がある」ということです。

では、その霊界は「どんな所で、霊は、どんな暮らしをしているのか」等々について、この世にいる間に理解しておくことが大切です。

霊界は「目に見えない世界」なので、まず、ざっと頭に入れてから螺旋(らせん)階段を上るように何回も反復しながら、少しずつ理解を深めることが肝要です。

その第一歩として次に「霊界のあらまし」を箇条書きの要領で列挙しますので、まず、それを俯瞰(ふかん)することから始めたいと思います。

①死者の霊は、まず「幽界」と呼ばれる所に入る

肉体の死によって霊は肉体から分離します。今回の人生で使用していた肉体は消滅しても、霊（あなたの本質）は死んではいないのです。しかし、最初から「本当の霊界」には入れないので、まず、幽界と呼ばれる所（休息所）に入ります。

②幽界にも入れない霊がいる

地上生活で、神や霊界の存在を否定していた人の霊は、幽界に入ることが出来ません。もはや肉体に戻ることも出来ないので、俗にいう「地縛霊（じばくれい）」や「浮遊霊（ふゆうれい）」になって、自分の誤りに気付くまで、何年（何十年）でも幽界と人間界の中間あたりを彷徨う（さまよう）ことになります。時折、幽霊と呼ばれる姿で現れるのは、このような人の霊です。

③死後の世界では、学歴・地位・財産などは、一切通用しない

死後の世界では、地上での学歴・財産・地位・宗教などは一切通用しないので、日常の言行・心の在り方・人間性などが全て丸裸にされてしまいます。

その結果によって、次に進むべき上級の（本当の）霊界での居場所が決まります。

④守護霊は例外なく、誰にでも付いている

通常、守護霊は何代か前のご先祖で、ある程度まで進化した霊か、あるいは、あなたと霊的に非常に縁の深い方です。この世では守護霊と意志の疎通は困難ですが、死後の世界では霊同士になるので、解らないことは何でも教えてもらえる頼もしい存在です。

⑤「光に満ちた境涯」に入ることが出来る霊

謙虚で誠実な人生を送った人の霊は、幽界の中でもサマーランド（常夏の国）と呼ばれる「光に満ちた境涯」に入ることができます。その後、霊的な進化を目指して努力すれば、更に「上級の光り輝く素晴らしい境涯」に進むことが可能になります。

⑥死後の世界は「永眠している所」ではない

死後の世界では霊の努力に応じて、それに似合った役目が与えられるので、眠っている所ではありません。人の死を「永眠」と表現する人もいますが、それは、死後の世界の様相（仕組み）を知らないことの現れです。

⑦下層の境涯へは、自分から望んで落ちて行く

犯罪者などの霊は、光り輝く境涯には眩しくて住めないので、下層の薄暗い所へ自ら望んで落ちて行きます。そこは自分と同じ邪悪な霊が屯(たむろ)していて、俗に地獄と呼ばれている所ですが、自分の地上生活が招いた結果ですから、全て自己責任です。

⑧霊界は、多くの界層に分かれている

霊界には無数の界層があるので、地上で具(そな)えていた霊性に応じて、似合った所へ自然に吸い付けられて行くのです。ですから、親子・夫婦・兄弟であっても、霊性に違いがあれば同じ界層で暮らすことはできません。これが「大自然の法則」です。

⑨私たちは、すでに何回も転生している。

私たちは、ある時は霊だけの状態で「霊界」で暮らし、また、ある時は「霊＋肉体」の状態で「この世」で生活しています。これが「転生の仕組み」ですが、この2種類の生活は「大自然の法則」に則って行われているのです。

このように、私たちは「今世」と「霊界」の2種類の世界を生きているので、「**人間は**

死んだら終わり」ではないのです。

人類史上最大の霊能者と称され、18世紀に活躍したスウェーデンボルグは『霊界からの手記』という本の中で、「**霊と霊界の存在を世に知らしむべし、それより他に人間を救う道なし**」と語っています。

この言葉の趣旨は、霊や死後の世界の存在を知らない人間は、この世の生き方が傲慢になって、死後の世界で苦しむことになってしまう。それでは可哀想だから、そのような人間を救うために、霊と死後の世界が存在していることを、多くの人間にしっかりと教えなさい、ということです。

東日本大震災の後に出版された『魂でもいいから そばにいて』（奥野修司著）という本には、あの震災で亡くなった人々の霊が、自分の存在を家族に知らせるために起こしたと思われる、多くの事例が紹介されています。

例えば、何か月も海に浸かっていた携帯が、妻の前で鳴りだした事例。半年も過ぎてから親の前で子供の玩具が急に動き出した事例など、十数人の具体的な事例です。

それらの事例は、東日本大震災で亡くなった人々の霊が、今も死後の世界で生きていることを、この世の親族に知らせるための「霊界通信」であったのです。

ここまでは霊界の様相を大まかに見てきたので、次からは、それぞれの場面ごとに細かく見ていくことにします。

死後の世界に対する予備知識・中級編（その2）

私たちは常に、低級霊に狙われている

「酒乱は、低級霊の憑依（ひょうい）現象の一つである」

普段は非常に温厚な人なのに、酒が入ると途端に人が変わってあたり構わず騒ぎ出して、誰かれの区別なく喧嘩をふっかける人がいます。

いわゆる「酒乱」ですが、そのような人には〝酒に思いを残して死んだ低級霊〟が取り憑いているものと思われます。その低級霊には肉体がないので、自分では酒を飲むことができません。

そこで、地上にいた時の自分と同じタイプの呑兵衛（のんべえ）を探しては、その人間に取り憑いて自分の思いを果たして、ニタニタと笑って喜んでいるのです。

取り憑かれた人間は、とんだ災難ですが、それも日頃の摂生（節制）を弁（わきま）えない態度が、そういう低級霊を呼び込んでしまったので、その責任は全て本人にあるのです。

このような憑依現象は酒乱に限ったことではなく、競艇・競馬・競輪など、その他のギャンブルでも常識の範囲を超えて財産を使い果たし、家族を路頭に迷わせているような人は、質の悪い低級霊に取り憑かれているものと思って間違いありません。

そのような低級霊（悪霊）には反省という概念がなく、この世の人間を不幸にすればするほど自分の悪行を誇示し「やった！　おれの仕掛けた罠にはまって、あいつの人生がむちゃくちゃになった」と自慢しているので、始末が悪いのです。

では、そのような低級霊に付け込まれない方法があるのでしょうか。あります。

それは、常に霊的な波動の高い生活をすることです。

霊的な波動の高い生活といっても、特別な修行をする必要はありません。常に人間として健全な心を持って日常生活を送っていれば、低級霊（悪霊）などに付け込まれる心配はありません。

低級霊は常に低い波動を出しているので、人間のほうから、それに通じる波動を出さなければ（悪を招くような心を持たなければ）、低級霊との回路が出来ないので安心です。

要は、常に、低級霊を招き寄せない心掛けで生活することです。

中国の古典に「禍福門なし、ただ人の招くところ」という言葉があります。これは自分の人生に起きる「幸いも災いも、結局は自分の日ごろの心構えが招いているのだ」という意味ですが、低級霊（悪霊）だけは絶対に招かないようにしたいものです。

「魔が差すのは、悪霊の仕業である」

W・S・モーゼス（霊能者）は『霊訓』という本で、死後の世界には「悪霊がウヨウヨしている」と語っています。それらの悪霊たちは、新入りの霊が彷徨っているとキリスト教のバイブルや、仏教の経文などを巧みに引用して誘い込むのです。悪い奴ほど悪知恵に長けているので用心しなければなりません。

彼らは、この世の反社会的な人間の手口と同じで、脅しスカシを常套手段として、時には利益で釣り、時には威光や権威を振りかざして脅します。

ですから、この世にいる間に悪霊たちの手口を知っておけば、死後の世界に入ってから、引っかからないで済むので、その予備知識を身に付けておくことが大切です。

悪霊たちは、この世で生活をしていた時に、神に反抗する生活をしていたので、死後、神が創造された霊界に入ることができず、人間界の周辺をウロついているのです。

そして、地上にいた時の自分とよく似た人間を見つけて、憑依して運命を狂わせることに喜びを感じているので、本当に質(たち)が悪いのです。

普段は温厚で健全な人が、突然、邪(よこしま)な心を起こして、思わぬ犯罪を起こしてしまうことがあります。そのようなことを「魔が差す」と言いますが、これなどは邪悪な霊の誘惑に引っかかってしまった、極めて残念な事例であると思われます。

「邪悪な霊は、常に自分と波長の合う人間を探している」

夜の歓楽街などには、毎日、邪悪な霊が獲物を探して屯(たむろ)しているので、彼らに憑依されて人生を狂わされることがないように、常に心の管理が大切です。

肉体が健康で精神的に安定している場合にはよいが、その調和が崩れて精神が不安定になると、奴らに付け込まれる危険性があるので、注意しなければなりません。

要は、日常的に「**邪悪な霊に付け込まれない生活をする**」ことです。

「悪霊は、なぜ最下層にいるのか」

私たちの霊は、神によって創られたのですが、長い年月の間に、次第に進化の度合いに差が出できて、高い段階の霊、中ぐらいの段階の霊、低い段階の霊、というように様々なレベルの霊が存在するようになりました。

困ったことに、低い段階の霊は悪事を行うことに喜びを感じる性質があり、神に反抗することで悪い存在となってしまったのです。それらの霊は自らの中に、悪の意思・怠慢・傲慢な心を持っていることで、最下層に置かれているのですが、本人の自覚と努力があれば、高級霊の指導と導きによって、そこから抜け出すことが可能です。

神は常に、彼らが自ら抜け出そうとする意識の変化を望んでおられるのです。

「悪霊から身を守る方法」

人間は、悪霊に取り憑かれた状態になると、生活が不規則になって来るので、彼らは、まず、人間を不規則な生活をするように仕掛けてきます。例えば、酒を大量に飲んで泥酔の状態になると悪霊の出番となります。コカインなどの常習者も同じです。

何が原因であろうと、自己抑制ができない状態になると、待ち構えていたように、そのスキを突いて悪霊が取り憑いてきます。ですから、日々の生活で「自分の心をしっかりと管理する」ことが、悪霊から身を守る最大の心構えです。

「人知を超えたものに、尊崇の念（畏敬の念）を持つ」

第二章で述べたように、太陽は「神の実在を示す具体的な証拠」ですが、太陽ばかりでなく、人知を超えたものに対して尊崇の念（畏敬の念）を持つことが、自分の霊性を高めるための基本です。

もう一つは「**自分の心の中から、傲慢な心を捨て去ること**」です。人間は権力を持つと知らず知らずの間に傲慢になってしまうものです。謙虚の反対が傲慢です。

悪霊たちは、その傲慢が大好きなので、そこに付け込んで来るのです。

日本には「実るほど頭（こうべ）を垂れる稲穂かな」という言葉があります。

中国の古典にも「人生の大病（たいへい）は、これ傲（ごう）の一字なり」という言葉があります。

邪悪な霊に付け込まれないために、ぜひ覚えておきたいものです。

死後の世界に対する予備知識・中級編（その3）

私たちには、例外なく守護霊が付いている

「私たちと背後霊の関係」

背後霊というのは、霊界から人知れず個人的に、この世の人間の面倒をみている善霊の総称です。背後霊には守護霊を中心にして、指導霊や支配霊と呼ばれるものもありますが、それらの名前は人間の側から勝手に付けたものであって、霊の側からみたら、その区別はないのかも知れません。

ただ、背後霊という呼び名には、俗に因縁霊と呼ばれている好ましくない霊のイメージがありますので、一般的には守護霊と呼ぶのがよいと思います。

その守護霊は、例外なく全ての人間に付いているので、あなたにも付いています。

1人ではなく複数の守護霊が付いている場合もありますので、常に感謝の気持ちを持って生活することが大切です。守護霊も、もとは人間ですので敬意を持って生活していれば、守護霊も張り合いがあるものと思われます。しかし、この世で肉体のある人間と、霊界で肉体のない守護霊とでは、住んでいる次元が違うので、うまくコミュニケーションを取ることが困難です。

そこで守護霊は、人間の脳裏にインスピレーションを与えたり、その他の様々な方法を工夫して支援しているのです。誰にでも悩んでいる事柄が思わぬ方法で解決することがあるものですが、そのようなラッキーな事例には、守護霊の支援があったものと思われます。

「守護霊は、霊界の法則に基づいて支援している」

守と護の漢字のイメージから、守護霊は何でも守ってくれる存在である、と思いがちですが決してそうではありません。私たちには事故も病気もあり、災難も不如意な事柄もあるので、何もかも無条件で支援しているのではありません。

そこには、前世からのカルマ（霊的な負債・業）と、人間の自由意志が関係しているのです。例えば、社会的に禁止されている事柄でも、人間は、それを破って自分の意志で行動する場合があります。人間の自由意志は、神によって与えられている基本事項なので、守護霊は、その自由意志を制止することはできません。

守護霊は何もかも先回りして守ってはくれないのです。それをしたら、その人の人生ではなくなってしまうので、その人に不本意なことが起きても「仕方ないなー、転ばなければ気づかない事もあるので、それまで待とう」という感覚で、残念だとは思いながらも手助けはしないのです。しかし、霊的なことを常に意識している人の人生は、必ず豊かになります。

それは、魂の故郷である霊界には、多くの経験則が蓄積されているので、それが有利に働くからです。

「人間に対する霊界からの影響は、どの程度あるのか」

19世紀最大の霊能者と称されたアラン・カルデック（フランス）は、高い界層の霊界で活躍している高級霊から、永年に亘って送られてきた膨大な量の「霊界通信」を整理し分析して『霊の書』という名前で出版しました。この本は、世界的なベストセラーになり、霊界を知る上で「バイブル」と言われているものです。

では次に、その本の中から守護霊に関する部分の、ほんの一部を紹介します。

（質問者はアラン・カルデック。★印は高級霊からの「返答」です）

【質問】霊は、人間の思想（思念）や行動に影響を与えているのですか。

★その影響は諸君が想像するよりも大きい。諸君の思想も行動も、これを動かしているのは霊たちであるからだ。

【質問】未熟な霊たちは、何の目的で人間を悪の道に誘うのですか。

★自分と同じ災いに諸君らを陥れようとするためである。彼らは自分よりも幸福な者たちへの嫉妬心から、そうするのである。

【質問】彼らの目的を、骨抜きにする方法は無いのですか。

★ある。常に正しい事をすること。それと、全知全能の神を信じること。この2つによって邪悪な霊の影響を、はねつけることが出来る。邪悪な霊が近づく人間というのは、本人の思念や欲望の中に、彼らを引き寄せてしまう悪い性質があるからなのだ。

【質問】自分によい事が起きた場合には、守護霊のお陰であると感謝すべきですか。

★まず、神の代理人である善霊たちに感謝しなさい。その感謝を怠る者は「忘恩の徒」である。

【質問】自分が守護している者が、間違った道に進んでしまった場合には、守護霊は胸を痛めるのですか。

★悲しくなり、その者を哀れに思う。しかし守護霊は悪が正される日があることを、また、今日できなかったことは、明日は為されることを知っている。

【質問】守護霊の使命は何ですか。

★子供に対する父の使命と同じである。守護されている者を正道に導き、助言を与えて助け、苦しむ者を慰め、地上の試練に耐える勇気を奮い起こさせるのが役目である。

【質問】霊界に入れば、自分の守護霊に会うことができますか。

★できる。それは多くの場合、地上への誕生の前から知っている霊である。

【質問】守護霊は全て高級霊ですか。平均的な霊もいるのですか。

★守護霊は、ある程度進化したレベルが必要である。さらに、神によって認められた能力と、徳が具わっていなければならない。

【質問】守護霊の警告は、個人的な出来事の導きを目的にしているのですか。

★守護霊の警告は、本人に関わる事は何でも、それを目的としている。しかし諸君らは、その声に耳を閉ざすことが多く、道を踏み外して苦しんだりしているのが実情である。

各人の感性によって、この引用の部分の生かし方は異なると思いますが、少なくとも次の5点を、今後の人生に役立てていただきたいと思います。

・私たちを陥れようとする悪霊の企みに、絶対、引っかかってはならない。
・悪霊の企みを骨抜きにするには、神の実在を信じて生活することである。
・よい事があった場合には、まず、神の代理人である守護霊に感謝する。
・日頃の言動に注意して、守護霊に愛想尽かしされないようにする。

・守護霊は神によって認められた存在なので、日々、敬意を表して暮らす。

死後の世界に対する予備知識・中級編（その4）

人生における「カルマの法則」

私たちが、この地上に生まれて来た目的は、次の2つです。

①自分の「霊的な進化を図る」ため

（霊的な進化の中には、「自分が前世で作ったカルマを解消する」という内容も含まれています）

②自分の人生を通して「社会的な貢献をして、他者の役に立つ」ため

（私たち人間は、より良い社会を構成するために、何回でも地上に転生しているのですが、それは、地上生活を通して、自然や社会や他の人々のために、自分を役に立てる、という目的があるからです）

私たちの人生に発生する様々な事柄は、前世で行ってきたこと（カルマ）の結果であり、いま、この世で行っている言動が、自分の来世を決めつつあるのです。

ですから「故き(ふる)を温ね(たず)て新しきを知る」（論語）という言葉は、この世ばかりでなく、次に転生する来世のためにも、拡大して解釈することができるように感じます。


「カルマの法則と、生まれ変わり」


カルマというのは、すでに終わっている事柄でも、その責任を取らないままに残っていて「霊的な負債になっているもの」を指していますので、それを清算することを「カルマを解消する」と言います。

前世で行った言動のカルマが、まだ、顕れ(あらわ)ていない場合もあるので、私たちには、それが、いつどんな形で顕れるのか、また、どんな方法で解消されるのか判りませんが、全て「カルマの法則」によって決まります。

通常、私たちは前世・現世・来世に亘っ(わた)て、カルマの法則に基づいて生まれ変わっているので、転生というのは、それほど都合よくできるものではありません。

実際には、多くの要因が絡みあって、いつ、どこで、どのような人間として転生して来るのか決まるのです。

通常は数年から数百年に一回ぐらいの割合ですが、個人によって千差万別なので、何年に一回と決まっているわけではありません。

「カルマは何のためにあるのか」

カルマとは、本来は「行動」という意味ですが、他人にしたことは、必ず自分に返って来るという意味から、一般的に「因果」や「業（ごう）」と訳されています。

私たちの過去世や前世では、おそらく善い事も悪い事もしているものと思われますが、その基準は「大自然の法則」に適（かな）っていたか、適っていなかったかということです。

カルマの存在によって、私たちは自分の言動を慎重にすべきこと、また、生き方を正しくすべきこと、などを学んでいます。

つまり、自分の痛みを感じることによって、私たちは人生の経験と知恵を積むことができるのです。

今日、仮に、あなたが他者に害を与えたとすれば、その行為は、いつか必ず、あなたの身に返って来る新しいカルマとなるのです。

ですから、カルマというのは、次の2様に働いているのです。

①自分の正しい生き方を学ぶため

②神の法則に基づいた生き方を、自分の魂に覚え込ませるため

つまり、自分に対しては言動や思念（考え方・思うこと）を慎みなさい。他者に対しては愛と親切心を持ちなさい、ということを教えているのです。したがって、カルマは私たちに罰を与えるためではなく、「**霊性の進化を図るための、精密な法則**」として存在しているのです。

また、悪因悪果・因果応報・自業自得という言葉があるように、昔の人は日常の生活の中で「因果は巡る」ことを知っていたのです。

特に、善因善果（良いカルマ）を表すものに、「**情けは他人**（ひと）**の為ならず、巡り来たって己**（おの）**が為なり**」という言葉があるので、是非、覚えておきたいものです。

死後の世界に対する予備知識・中級編（その5）

前世の記憶は、なぜ消し去られるのか

私たちがこの世に転生して来る際には「大自然の法則」によって、通常、前世の記憶は全て消し去られます。その理由は、前世の記憶を持ったまま転生して来ると、この世での学習（修練）にとって様々な不都合が生じるからです。

例えば、カルマを解消しようとして転生して来たのに、前世で行った殺人や強盗などの悪事を記憶していたとしたら、この世で正しく生きようとする意欲が初めから阻害されてしまいます。

何も知らずに新しい人生を、心機一転の心意気で頑張ろう、という意欲を持って生きたほうが霊の進化のために、どれほど有意義かしれません。ですから、誰にとっても前世の記憶がないほうが、本人のためなのです。

しかし、何事にも例外があるように、前世の記憶の消滅にも例外があります。

『前世を記憶する子どもたち』（笠原敏雄訳）という本には、自分の前世を語る子供の事例を世界各地から２０００件以上も集めて、長年にわたって調査したアメリカの精神科医と共同研究グループの検証によって、それが事実であったことが報告されています。

「前世を記憶している人」はどの国にもいますが、日本人で、よく知られているのが、江戸時代の「小谷田勝五郎」という人です。

この人は現在の東京都八王子市に生まれ、8歳になった文政5年（1822）のとき、お婆さんに、次のような不思議なことを話しました。

自分の前世の名前は「藤蔵（とうぞう）」で、ここから2里（約8㎞）ほど離れた「程窪村」に住んでいた。父親の名前は「九兵衛」、母親の名前は「おしづ」というが、父親は自分が小さい時に死んだ。

前世での自分は、5歳の時に死んだので、あの世にしばらくいてから、今の母親のお腹の中に入って、また、この世に生まれて来た。

勝五郎は、お婆さんに「程窪村」のことばかりでなく、あの世の様々な様子も話したのです。

やがて、毎夜「程窪村に行きたい」と泣き叫ぶようになったので、お婆さんは仕方なく程窪村に連れて行ったところ、勝五郎は一人でどんどん先に歩いて行って、ある家の前まで来ると、「この家だ」と言って、その家の中に駆け込みました。

お婆さんが、その家の人に事の次第を話すと、前世の母親である「しづ」は、まだ存命だったので非常に驚いたという。

江戸時代の国学者・平田篤胤（あつたね）は、この話に多大な関心を示して、本人からも家族や親族からも詳しく聞き取って、「勝五郎再生記聞」という冊子を書き残しています。

勝五郎の前世である藤蔵は、文化7年（１８１０）に死亡していますので、文化11年（１８１４）生まれの勝五郎は、生まれ変わるまでの約4年間を、霊界で過ごしたことになります。

その後、勝五郎はこの世で55年ほどの人生を送って、明治2年（１８６９）に死亡しましたが、現在、その墓は東京都日野市の高幡不動尊の境内に残されていて、地元の有志によって手厚く保存されています。

また、年配の人には記憶があるかと思われますが、今から50数年前に、ドイツでも前世を記憶している子供がいる、ということで有名になった事例がありました。

その子供は絵本や写真を見た訳でもないのに、物心が付いた頃からアメリカのホワイトハウスの絵を好んで描き始めたのです。その絵はどれも詳細な見取り図で、その中には、国家の緊急時の場合には、大統領が避難する極秘の地下通路の絵も含まれていたのです。

後に、それらの絵の内容は全て事実であることが裏づけられたのですが、特に地下の通路に関しては、大統領と少数の側近しか知らない秘中の秘であることから、大きな話題になりました。

この子供はジョン・F・ケネディ元アメリカ大統領が暗殺されてから、わずかな期間の後に、ドイツのある家庭に生まれた子供だったので、ケネディ元大統領の生まれ変わりに違いない、ということで当時の話題になりました。

死後の世界に対する予備知識・中級編（その6）

死後の世界では「心の底がむき出し」にされる

死後の世界では自分の思念が、そのままの形になって現れます。

例えば交通事故を起こして救急車を待っている間に死んだ人の霊は、いつまでも、その事故の現場に居続ける場合があります。これは「救急車を待っている」という、その時の思念が作り出しているのです。また、病院に入院したまま死んだ人の霊は、自分の思念で「自分がいた病室を作り」、そこに居続けるのです。

これらの現象は思念が作り出している世界なので、ある宗教を信じている人だけが集まっている集団もあれば、何かの習い事に没頭しているグループもある、というように様々な思念の様相が現れます。

ですから「人は死んだら墓の中に入るもんだ」と思ったまま死んだ人の霊は、その思念によって、本当に墓の中に入ってしまうので注意しなければなりません。

もう何年も前のことですが「千の風になって」という歌が流行(はや)りましたので、参考までに、その歌詞を挙げてみます。

私のお墓の前で　泣かないでください　そこに私はいません
眠ってなんかいません　千の風になって　千の風になって
あの大きな空を吹きわたっています　（後略）

この歌は、ドイツから移住して来た友だちが、ドイツで亡くなった親のことを思って悲しんでいるのを慰めるために、アメリカの女性が作詞したものである、ということですが、どこの国であろうとも、死者の霊は「大自然の法則」に基づいて、行き先が決まるのですから、私たちは、その法則を可能な限り正しく知っておくことが大切なのです。

「仮面を被って暮らすことはできない」

この世には「面従腹背」という言葉があるように、口に出さなければ、自分のハラの中を隠しておくことが可能です。しかし、死後の世界では自分の心の底が、アケスケに相手に伝わってしまうので、偽りの仮面を被って暮らすことはできません。

ですから、建前と本音が違う人、嘘つき、偽善者などの霊は、光り輝く境涯には住むことができないので、自分から暗い所に逃げ込んで周りの霊に隠れるようにして暮らすことになります。

そこは、嘘を吐くことなど何とも思わない邪悪な霊ばかり住んでいる劣悪な所ですが、その霊にとっては、自分が好んで選んだ最も適した場所なのです。

死後の世界は「**明るさ、匂い、温かさ**」の3つの要素の組み合わせによって、それぞれの環境が構成されています。それは、次のような内容です。

★明るさ…上層になるほど明るさが増し、下層になるほど暗くなる。
★匂い…上層になるほど香しく(かぐわしく)なり、下層になるほど醜悪な匂いになる。
★温かさ…上層になるほど温かくなり、下層になるほど寒くなる。

この組み合わせによって、上層になればなるほど「光り輝いて、香しい匂いと、温かさが増し」、下層界になればなるほど「暗くなり、嫌な匂いと、寒さが強くなる」のです。

これが、公正で厳正な死後の世界のシステムです。もちろん、そこに住む霊の認識度による思念の内容も違うので、死者の霊は自分の思念のレベルよりも上層の境涯には、絶対に住むことができないのです。私たちは、この「大自然の法則」をよく理解して、自分はどのような環境の境涯に往きたいのかを考えて生きることが大切です。

「向上心のない霊には気楽な所である」

死後の世界には「これをしてはダメ」「あれをしてはならない」という制限がないので、未熟で向上心のない霊（思念のレベルが低い霊）にとっては、案外気楽な所です。

例えば、この世で金銭に貪欲だった人の霊は、お金を貯めることに精を出し、美食家は山海の珍味を存分に堪能することも可能です。

このように、自分の好きなことをしているので、一見すると幸福そうですが、それらの霊は一つの思念に捉われていて、他のことが考えられないのです。

その境涯に入った当座は、無秩序な生活を気楽に楽しんでいても、それが際限もなく続くというのは地獄にほかなりません。

ではなぜ、そのような自堕落なことができるのでしょうか。それは、自由意志が与えられているからです。自由が与えられているということは、反面、責任が厳しく問われているということですが、無自覚な霊たちには、その意味が理解できないのです。

地上にいた時から霊的な事柄に全く無関心だった人の霊は、死後の世界に入ってからも進化しようとする意欲が乏しいので、何年でも何十年でも、低い境涯に留まっているしかないのです。

「死後の世界で、邪悪な霊に親しみを感じる霊」

この世の生活で度を越した物欲、不純で過度な色欲、他人に対しての理不尽な支配欲など、そういった事ばかりに心を用いていた人の霊は、それに似合った境涯に、自分から勝手に落ちていくのです。

自分から勝手に（好んで）落ちた所ですから、彼らは、以前から住んでいる邪悪な霊に親しみを感じようになり、知らないうちに地獄のような所に引きずり込まれてしまう危険があるのです。

この世に「類は友を呼ぶ」という諺があるように、死後の世界でも同じような現象が起きるのです。そこには、自暴自棄、怒り、悪意、復讐心などを強く持っている霊が多いので、ちょっとした事で大ゲンカを始め、いつもトラブルが絶えません。

それらの霊には、秩序を守る意識も向上心もなく、霊性の進化という目的から大きく外れた生活をしているので、そこは、一般的に地獄と呼ばれている所です。

仮に、あなたが、その場所へ案内されたとしたら、次のような現象を目撃することになります。

空は青く澄んでいる。花も樹木も輝いている。周囲の山は青々としている。緑の平野には清らかな小川が流れている。全てが素敵な情景である。住んでいる老人も、男性も女性も、みな立派な身なりをしている。どう見ても、邪悪な霊たちばかりが住んでいる地獄とは思えない。

そこで、不思議に思ったあなたは、案内人に質問します。「こんな美しい場所がどうして地獄なのですか、あの人たちはとても善良そうに見えます。彼らがどうして地獄の住人なのですか」。すると、案内人は次のように答えます。

「あなたには、美しい情景に見えるかも知れないが、では試しに、彼らに聞いてみるがよかろう」。そこで、一人の住人に近づいて聞いてみると、その顔には悲哀と不機嫌さが表れていて、「バカ言うでない。ここのどこが美しいのか。あの小川の悪臭にはやりきれない。空気も汚いし、樹木には枯葉の一枚もない。野原には花も咲かない。ここの住人はみな憎しみに燃えている者ばかりなのだ」。

これを聞いて、あなたは「この美しい風景が、なぜそんなに汚く見えるのだろうか」と再び不審の念を抱くことでしょう。

同じ風景なのに、あなたには美しく見えても、そこの住人には過去の悪行による報いで、美しいものも、明るいものも、その通りには見えないのです。霊人同士の関係においても、彼らの周りにいる者たちは、友人ではなく、みな仇なのです。

これが、地上生活で「**霊に目覚めなかった者の報い**」です。


しかし彼らも、永遠にその状態に置かれているのではありません。何年（何十年）かかるか分からないが、自分はなぜこんな所にいるのだろうか、何かヘンではないか、と考えるようになる時が来ます。その気持ちの変化が進化のきっかけになるので、高級霊たちは、その瞬間を見逃がさずに、彼らを地獄の状態から救い上げるのです。

ですから地獄と呼ばれる所は、人間の霊にバツを与える所ではなく、霊の矯正のために存在しているのです。

この世を謙虚で誠実に送った人間と、不道徳で善悪を弁えない人間が、死後の世界で同じ扱いを受けることは、決してありません。仮に、同じ扱いを受けるなら、それこそ厳正な「大自然の法則」が存在しないことになってしまいます。

私たちが、スピリチュアリズム（霊実在論）を理解して、それを自分の人生に生かす意味は、まさに、この一事にあるのです。

死後の世界に対する予備知識・中級編（その7）

霊界の事柄を、この世の尺度で考えてはダメ

通常、私たちの命は百年にも満たないので、どうしてもその尺度で物事を考える習慣になっています。しかし、死後の世界の事柄については、何百年という尺度で考えなければなりません。

例えば、守護霊は200年～300年ぐらい前の霊か、それ以上の霊であると考えられます。また、生まれ変わりの期間にしても一定ではないが、おおよそ、数年から数百年に一回ぐらいの割合であると思われます。

更に、私たち現代人に霊界の様相を詳しく教えている「シルバー・バーチ」という霊は、約3千年も前の古代霊であると言われています。

そもそも、死後の世界には時間も空間も存在していないのだから、何千年であろうとも一瞬と同じことなのです。

このように、この世と死後の世界とでは次元が違うので、何事についても、この世の基準（感覚）で考えてはダメなのです。そのことをしっかりと頭に入れておかないと、肉体

の死後にも「霊（魂）は生き続ける」ということを理解するのは、とても無理な話です。霊や死後の世界（非物質世界）の事柄は、科学の概念を超えたもの（人間の目に見えないもの）であっても、インテリジェント・デザイナー（神）によって創造された真実でなければなりません。つまり、この世の尺度で測ることはできないが「大自然の法則」に則った「確固たる真実」でなければなりません。

ですから、56億7０００万年後に仏様が迎えに来る、という内容の経文があるそうですが、この観点で考えると、とても「確固たる真実」であるとは思えません。

悠久で広大無辺の宇宙の一角に、太陽系の惑星の一つとして地球があり、その地球に、私たちの「肉体も霊魂も死後の世界」も存在しているのです。

これが「**神によって創造された大自然のシステム**」です。

私たちは、この壮大なシステムの中で生きているのですから、死後の世界の事柄に関しては、２００年や３００年ぐらいの（それ以上の）長さには驚かない、という意識を持つことが大切です。この観点を忘れている人は、霊や死後の世界の事柄を素直に理解することができないのです。

「地上生活の振り返り」

私たちは死んでから、次のことを必ず体験させられます。

それは、地上で送った人生の全てを振り返ることです。正しかったこと、間違っていたこと、細大漏らさず、ビデオを観るように再現されます。

そして、あの時の判断は正しかったが、この時の判断は間違いであった、という要領で守護霊から説明を受けるのです。

その後、幽界における長い期間の学び（修行）を経て、ある程度の期間が経過すると、また地上に生まれ変わるか、もう一段高い所へ挑戦するか、守護霊と相談して決めるのです。多くの霊は地上への生まれ変わりを勧められるので、暫くの休息期間を取り精神統一（修行）をしながら次の転生の準備に入ります。やがて、準備が整うと高級霊の支援を受けて、次回の人生となる新しい地上生活のパターンを選びます。

それまでに、何十年、何百年という年月を要することもありますが、転生の時が熟すると深い眠りの状態に入り、それまでの一切の記憶が消去されて、地上の一女性の体内に入っていくのです。いよいよ何回目かの「**宇宙学校、地上学期**」の始まりです。

「また、同じ家族として生まれ変わるのか」

生まれ変わりには前世からのカルマも関係しているので千差万別です。

しかし、同一の家族には、互いに引き合う要因があるので、実際に、兄と妹、夫と妻、父と子、というよう縁はあり得るのです。

ただ、他界での霊は強要されないので、霊が「まだ、地上には戻りたくありません」と言えば、「では、もうしばらく修行しなさい」ということになります。

一般的に転生は、人の子の親となって生きる夫婦のために、生まれてきた家の家族のために、あるいは、地域社会（人間社会）を発展させるために、というように多くの人々に喜びをもたらします。

そのような人間関係の中で霊（魂）は磨かれていくので、その「霊磨き」をするための修行が、私たちに与えられた人生の目的であるのです。修行といっても、特別な難行苦行を求められているのではありません。自分に出来ることを誠実に行う事が基本です。それは、周囲の人々の役に立つように、日々の仕事をしっかりと行うことです。その上に大いなるものに対して尊崇の念を持って生きれば十分です。

それには、一回の人生だけでは足りないので、数多くの転生が必要なのです。

「ソウルメイト（魂の仲間）」

私たちは、今回の人生は日本人ですが、前世は日本人でなかったかもしれません。また、来世は別な国に生まれ変わるかもしれないので、転生は「各人各様」です。

しかし、前世（過去世）でも肉親の関係であったり、親友であったり、仕事上の緊密な仲間であったり、というように何回も同じ時代に生まれ合わせて、人生を共に歩んできた人たちが存在することも確かです。

このように、きわめて縁の深い「魂の仲間」のことを、ソウルメイトと呼んでいます。その関係を少し広げてグループソウル（類魂）と呼ぶ場合もありますが、それらの人々は転生の度に役割を変えながら、魂の成長を助け合ってきたのです。

あなたにも、あの人に出会わなければ今の自分は無かった、という人がいるとすれば、その人は、きっと前世（過去世）でも、あなたと非常に縁の深い関係にあったものと推測されます。

例えば、およそ１２００年前に遣唐使として唐に留学した空海（弘法大師）は、唐での師匠であった恵果（けいか）阿闍梨から、「空海よ、あなたは、わたしと前世からの契りが深いことを未だに知らないのですか。何回もの生まれ変わりの中で、時には師となり、時には弟子となって、一緒に密教の教えを広めてきたのですよ」と聞いた、と伝えられています。

このように、私たちの転生は大自然の摂理に則って行われているので、到底人知の及ぶところではないのです。

それを考えると、私たちは悠久の時の流れの中で、同じ時代に生まれ合わせて、親子や兄弟となったり、学校の同級生となったり、会社の同僚となったり、と不思議な人間関係の縁の中で、それぞれの人生を歩んでいるのです。

ですから、昔から「袖振り合うも他生の縁」という諺や、合縁奇縁（合縁機縁）という言葉があるように、私たちは思いやりの心をもって他人に接することが、人間の生き方の基本として求められているのです。

第五章　霊界で、死者の霊が歩む行程

「この章の目的」

近代科学の祖と言われたフランシス・ベーコンは「子供が暗闇に行くことを恐れるように人は死を恐れている」と述べています。また、孔子は「いまだ生を知らず、いずくんぞ死を知らんや」と語っています。このように古今の賢者でも、死後の世界の様相については知らなかったのです。

しかし、19世紀の中ごろから、世界的に著名な霊能者と、死後の世界の存在を信じる科学者等の地道な研究（検証）によって、現在では相当に高い確度で、その「あらまし」が明らかになっています。

では、死後の世界で私たちの霊は、具体的にどのような「歩みをするのか」というのが、この章の内容です。

肉体が消滅した以後に、私たちの霊が、死後の世界で安心して暮らすためには、まず、次の3点が出発点になります。

①自分が死んだことに気づくこと。

②すでに死後の世界に入っている親族や、友人・知人に出会って喜ぶこと。
③守護霊の指導に素直に従うこと。

この中でも肝心な点は、①の「自分の死に気づくこと」です。

死後の世界に入った霊にとって、自分の死に対する気づきが、有るのか、無いのか、ということが、その後の幸・不幸を決める最初の分岐点になります。

自分は「もう死んだのだ」と思うことは、誰しも当惑しますが、その当惑したままの思念の状態が、その後の進化を妨げてしまうことがあるのです。

ですから、死後の世界の「あらまし」についての正しい予備知識を身に付けておくことが、現世でも、死後の世界でも「縁起よく生きる」ための、基本的な条件になるのです。

死後の世界に対する予備知識・上級編（その1）
シルバーコード（魂の緒（たまのお））が切れる

アメリカの優れた霊能者で心霊研究家でもあったハドソン・タトルは、死の瞬間を霊視して、次のように述べています。

肉体の死後、霊は手足から抜け出して頭のほうに凝縮する。やがて頭頂から後光のようなものが出て来て、次第に形を現して肉体と同じ姿になる。これが「霊体」と呼ばれるもので、その霊体は天井の近くまで高く上がっているが、下のベッドに横たわっている肉体とは、一本の細いヒモのようなもので繋がっている。

そのヒモは、次第に薄くなって、やがて消滅する。これが「霊と肉体の分離」であり、人の死の瞬間である。

その細いヒモのようなものは、極めて霊感の強い霊能者には「銀色に見える」ことから、外国では「シルバーコード」と呼ばれ、日本語では「魂の緒」と訳されています。

その「魂の緒」が切れた瞬間が人の死であり、いわゆる「ご臨終」です。

「魂の緒」が切れると、蛹（さなぎ）から抜け出した蝶（ちょう）が別の世界に飛び出すように、肉体から分離した霊は、この世とは「次元の違う世界」で暮らすことになります。

ですから、肉体の死は「命の終わり」ではなく、霊としての「新しい生活の始まり」なのです。私たちは何と長い間、死について思い違いをしていたのでしょうか。

「肉体の死を、神は〝霊界への誕生〟と呼ぶ」

スウェーデンボルグは「**肉体の消滅を、人間は死と呼ぶが、神は、それを霊界への誕生と呼ぶ**」と述べています。つまり霊的な観点からみれば、肉体の死は「命の終わり」ではなく、別な次元での「新しい生活の始まり」なのです。

とは言っても、人の死を「悲しい」と思うのが、私たちの現実的な感覚です。

特に肉親の死や親しい人の死は堪え難いものですが、その感覚の葛藤と克服が、人間にとって永遠の課題であるように思われます。

東大名誉教授・矢作直樹氏の『人は死なない』という本に、こういうことが書いてあります。氏のお母様が81歳で急死された後、氏は、母が生前に知り合いだった霊能者から、連絡を受けました。お母様が、あちらの世界から「息子（直樹氏）が心配しているので話をしたい」という霊界通信を強く送ってきているというのです。そこで、氏は、その霊能者に「お母様の降霊」を依頼しました。

後日、降霊の席でお母様は、生前と全く変わらない態度で、霊能者も他の誰も知らない内容を色々と話されたので、氏は、非常に驚くと同時に感銘を受けて、自分自身に関する初めての霊体験として、霊の存在を強く確信したというのです。

また、この本には、寿命が尽きれば肉体は消滅するという意味では、「人は死ぬ」けれども、肉体の死後も霊は生き続けるという意味では、「人は死なない」のである、というスピリチュアリズム（霊実在論）の考え方が一貫して述べられています。

「この世の科学に左右されない世界」


通常、死ぬ前にはエンドルフィンという物質が分泌されるので、痛みは感じません。

その後は、想像もしなかった安らぎを覚え、生前の肉体とそっくりの霊体になっていることに気づきます。その霊体からは病気も障害も完全に消えています。病気や障害などは肉体があってのことで、霊体には関係ないのです。

やがて、自分の亡骸（なきがら）が置かれている部屋に集まっている親族の他にも、ずっと以前に他界した友人などがいることに気づきます。それらの人たちは、亡霊といった感じではなく、生身の人間と全く変わらない生き生きとした表情で近寄って来て、手を握ったり、頬ずりをしたりして、ようこそと歓迎してくれます。

その中に見覚えはないが、際だって光り輝く人物がいて、「私の後について来なさい」と言うのでついて行くと、驚いたことに、ドアを開けて出て行くのではなく、壁や天井をスポッと突き抜けて進むことができるのです。

地上の生活ではあり得なかった体験なので、ああ「自分は死んで別の世界へ来たのだ」という自覚が芽生えてきます。

この際立って光り輝く人物こそ、あなたの守護霊です。

これらの現象は、非物質の世界で起きているので、この世の科学には左右されません。それは、次元の違う世界のことなので、不思議でも何でもないのです。

守護霊は、あなたの地上生活を陰ながら支援し、今度は死後の世界でも色々と世話をしてくれるので、敬意を持って、その指導に従うことが大切です。


「死を迎える時の状態が、霊に、どのような影響を与えるのか」


老衰や病気による自然死の場合は、生命力が少しずつ衰えていくので、霊と肉体の分離は穏やかに進行します。

また、この世に未練を残さずに死を迎えた人も、ある程度、霊の浄化が進んでいるので、死の直前から少しずつ分離が進行していることがあります。そのような人は、まだ命を保っているが、魂はすでに霊的な生活に入っているので、心臓が止まれば霊子線（魂の緒）は自然に切れます。

こうした人にとっては、死ぬ瞬間の痛みはほとんど生じないので、ほんの一瞬、平和にまどろんだという感じで、得も言われぬ幸福感を感じながら、霊界（幽界）に還って往きます。

特に、この世にいる間に死後の世界の予備知識を持っていた人は、死後に自分の魂の還る先を知っているので、死は肉体からの解放でしかありません。

そこで、死の瞬間の霊の状態は、次のように要約することができます。

★この地上生活を清廉に生き、霊性が進化している人の死は「単なる眠り」のようなもので、肉体と霊が分離する際の苦痛は全く感じない。

★肉体と霊の分離の時間が、早いか遅いかは、各人の霊性の進化の状態によって異なる。

（分離が遅い場合は、それだけ苦痛が伴うことになる）。

「霊は、人間の本質的な存在である」

肉体は、霊が入っていなければ、動くことも話すことも出来ません。ですから、肉体は、霊が地上に転生している年数だけ、一時的に使用している「容れ物」にすぎません。つまり、人間は「霊が主、肉体は従」であり、霊が入っていない肉体はイベントなどで使われている「着ぐるみ」と同じなのです。

肉体から分離した霊は、もとの故郷である霊界に還って行きますが、いつか再び肉体に宿って地上で生活することになります。これが、生まれ変わり（転生）の仕組みです。

その関係を整理すると、次のようになります。

★霊は、肉体に宿って物質界で生活する。（地上での生活）
★肉体に宿らないで、霊だけの存在として非物質世界で暮らす。（霊界での生活）

このように、**この世（地上）と霊界は渾然一体の状態（混ざり合っている）ですので、霊界は、私たちの周囲のあらゆる空間に存在しているのです。**

この世と混ざり合っていても霊界は次元が違うので、この世からは見えないが、向こうからは丸見えです。ですから人間が悪い波長を出すと、それに反応する低級霊に取り憑かれてしまう危険があるので、そこが、人間が最も注意しなければならない部分です。

死後の世界に対する予備知識・上級編（その2）

霊が、死後の世界で目覚めるまでの「時間と状態」

一般的に死の瞬間には、霊は麻痺状態になっているので、息を引き取る瞬間のことは、何も覚えていないのが普通です。では、意識が麻痺状態から覚めて、霊が、死後の世界で目覚めるまでの時間（期間）はどのぐらいでしょうか。

その時間（期間）の長さは、人によって異なります。

数時間で済む人もいれば、数日間・数週間・数年間にも及ぶ人もいるので、その長さは、この世での生き方や、誤った信仰的な先入観などによって大きく異なります。

いずれにしても、やがて意識の麻痺状態が終わると、深い眠りから覚めた時のように、視覚や聴覚などが戻り始めて、次第に意識がはっきりしてきます。

目覚めた時の気分も、人によって異なります。爽快に目覚める人もいれば、不安と恐怖に満ちた感覚で目覚める人もいます。

その違いの原因は、この世にいた時の関心が、物質的な快楽ばかりを求めた生き方であったか、それとも霊的なことに関心を持った生き方であったか、等々の違いによって大きく左右されるのです。

肉体と霊が分離する速さが、霊の浄化の度合いによって違うように、死後の目覚めが爽快であるか、不安や恐怖であるか、それも、この世にいた時の生き方の違いによって決まります。

一般的に、目覚めまでの時間が長いのは、この世で身に付けた悪影響を取り除くのに、それだけの長い時間が必要であったということです。

意識が回復した霊は、生まれたばかりの赤ん坊と同じですが、通常の人間の霊は新しい環境（幽界）の生活に、次第に馴染んでいくので心配は要りません。

「死後の世界を否定していた人の霊」

肉体の死後に麻痺状態から覚めた霊は、自分はまだ生きている、意識もはっきりしている、五体（幽体のこと）も全てある、と思い込んでいます。

家族に「オレはここにいるぞ」と話しかけても誰も返事してくれません。自分の葬儀に来てくれた人々に話しかけても、誰一人として何の反応もありません。

ふと気が付くと薄暗い平地が広がっているので、何のあてもなく歩き続けているうちに、低級霊に言葉巧みに誘われて、下層界に落ちてしまう霊もあるのです。

このような不本意な結果になってしまう原因は、どこにあったのでしょうか。

それは、霊界を創造した神を知らず、人間の魂（霊）が永遠に生きることを知らなかったからです。

つまり、神を「知る人間」と「知らない」人間の、2種類のうちの「知らない」ほうに属していたからです。人間は「魂が主で肉体は従である」ことを知らず、地上生活では、霊的な感覚を養う努力をしなかったからです。

要するに、**下層界へ落ちたのは、その人の「自己責任」なのです。**

死後の世界に対する予備知識・上級編（その3）

幽界は「この世とそっくり」である

死者の霊が、まず入るのが幽界と呼ばれている所です。ここは地上と霊界の中間にある休息所のような場所です。

死後の霊は、全く異質（非物質）の幽体（幽界での身体）として暮らすことになりますが、そこは、この世との差があまりにも大きすぎるので、その調整を図るために、幽界で一時的に休息するのです。

その幽界は、地上の風景とそっくりなので、自分が死んだことに気づかない霊もいるのです。周囲の環境も、住んでいる霊人たちの状況も、いま去ったばかりの地上とそっくりなので、中には寝ている間に、地上の別な土地へ運ばれて来たのだろうと思って、そこが死後の世界であることに気づかずに過ごしている霊もいるほどです。

これは、神の慈愛に満ちた配慮なのです。

もし死後の世界が地上と全く違う状況なら、その急激な変化によるショックで、霊は意識の攪乱を起こすに違いありません。

そこで神は、新しい世界に入った霊が、ショックを受けないで心の平安を保つことができるように、幽界を、地上とそっくりな情景にしてあるのです。

実は、霊が自分の死を自覚していないということは、その霊にとっても、その家族にとっても、大変に不幸なことなのです。

自分では死んでないと思っているのに、家族は何を話しかけても返事もしないで無視するので、それに怒って「悪さ」をする霊がいないとは言えないのです。

自分の死を自覚しない霊は、自分の死に気づくまで何年でも何十年でも、俗にいう「浮遊霊」や「地縛霊」と呼ばれる低級霊のままで、人間界の周辺をウロウロしているのです。

ですから、自分の死に対する自覚が、有るのか無いのか、その意識の有無が、その後の霊界での進化（向上）に大きな影響を及ぼすのです。

この「大自然の法則」に気づくことが、霊にとって進化の第一歩になるのです。

約3千年前に地上生活をしていたと言われる、シルバー・バーチという古代霊は、この世に何十回も転生して、その度に霊界の様々な界層を経験しました。その結果、人間の死の自覚について、次のように語っています。

現代の唯物的な風潮によって、多数の者（霊）が自分の死を意識していないので、こちら（霊界）へ来てから非常に混乱した状態に陥っている。

また、地上での俗信・習俗・宗教などによって身に付けた間違った知識も、死後の生活のガンになっている。

彼らは地上生活の時に、「死は万事の終わりだ」と信じていたが、死後の世界に来てから、その誤りに気づいて、己の愚かさにしばしば激怒する者（霊）がいる。

そのような霊の中には守護霊の教導に従わない者もいるので、「死は生の終わりでない」ことを自覚するまで、いつまでも放任されるのだ。

誤った教義、誤った宗教、誤った神学などは、霊界では何の役にも立たないのだ。

高級霊たちが、それらの誤った知識を打ち破ろうとしても、彼らは地上で身に付けた教義に凝り固まっているので、下層界での長い停滞の期間が生じてしまうのだ。

私たち人間が、この世で身に付けた教義や宗教や神学が、なぜ間違いなのだ、と疑問を持たれる方もいると思われます。

しかし、それは人間が作った単なる形式的な習俗にすぎないので、神によって創造された「霊界の摂理」（大自然の法則）とは、全く関係が無いのです。

したがって、死後の世界では何の役にも立たないのです。各宗教宗派の指導的な立場にある方は、この真理を理解しておかなければならないと思います。

死後の世界に対する予備知識・上級編（その4）

あの世では、この世の親子でもバラバラになる

突発的な事故や災害などで、家族が揃って幽界に入る場合があります。

しかし、同じ家族であっても幽界での日数が経つにつれて、少しずつ顔つきに変化が現れ出して、それに応じて行き先が異なり、別々な境涯へと別れていくのが普通です。「この世の生き方によって居場所が決まる」のが、「大自然の法則」ですから、それは当然のことなのです。

今までは同じ家族として一緒にいた者（霊）が、いよいよ別々の境涯へ別れる時には、おそらく、次のような会話が行われるのではないか、と想像されます。

幽界で、家族と別れる際の事例が、『霊界からの手記』（スウェーデンボルグ著）という本に載っているので、次に、その場面の一部を引用してみます。

地上の生活で父親だった霊が言う。「汝、いずこの団体に行くや」

母親の霊が答える。「わが行かんとする団体は、汝の団体とは別のものならん」

息子の霊も言う。「わが希望は父と同じ団体に属することなり。しかし、わが希望が果たして霊界で受け入れられるや否や、それが不安である」

娘の霊も言う。「われは、父、母、兄とも別れて、全く別の団体を希望せり。それは、人間でありし時より、父、母、兄より、あの人を好めるためなり。あの人、いまだ人間の世にあらんも、いずれ霊界に来たりて、わが待てる団体に来ることを、われは願っている故なり」

幼児の霊も言った。「われ母なる霊と共に行かん。いずこの団体なりとも、母なる霊の行かんとする団体なれば、われ従いて行くなり」

幽界では人間の本性が剥き出しにされるので、この世では家族であっても、各人の霊性に違いがあれば、別々の団体に属することになります。

そうなると、いくらで家族であっても、その後、会うことは困難です。

死後の世界に対する予備知識・上級編（その5）
あなたは、幽界のどの境涯に入れるのか

ある人が、この世にいた時には物質的な欲望に貪欲で、霊的な事柄には全く関心のない状態で死んだとすれば、その人の霊（魂）は、幽界の中でも物質界に最も近い所に入ります。そこは美しさが全く感じられない劣悪な環境です。

別なある人は、少しは霊的な事柄に目覚めた感覚を持って死んだとすれば、その人の霊は幽界の中でも、ある程度は美しい環境の所に入ることができます。

また、ある人は霊的に相当に進歩した状態で死んだとすれば、その人の霊は幽界の中でも上層の、霊光が美しく光り輝いている環境の所に入ることができます。

このように霊界は、公正で厳正な「大自然の法則」によって統御されている所なので、この世で生活している間に、その正しい予備知識を持っていないと、死後の世界に入ってからの状態に大きな差（開き）が出てくるのです。

この世での成功には学歴や知識や門閥などが関係していますが、死後の世界では自分の霊的な器が、どれだけ高い波動に感応できるか、ということが基準になっているので、「**この世での学歴・地位・財産・宗教・門閥などは一切通用しない**」ということを、肝に銘じておかなければなりません。

ですから、この世で偉かった人が、死後の世界でも偉いとは限らないのです。

「**学歴も高く地位もあるのに、下層界にいる霊たち**」

地上では学歴も高く社会的な地位もあり、人が羨むほどの金持ちで裕福な生活をしていた権力者たちが、幽界の下層の劣悪な境涯の所に住んでいる場合があります。

なぜ、そのような人たちの霊が、下層の境涯に住んでいるのでしょうか。

それは「**他人を犠牲にして富や権力を築いた人たち**」だからです。その多くは、霊的な関心が全くなく心が卑しかったので、彼らが着ている衣服は不潔で、顔は心の中と同じで、どの顔も邪気に満ちています。彼らは、地上では予想もしなかった生活をしているのですが、その状態を招いたのは、全て彼ら自身の心の在り方だったのです。

そのような人たちの霊は下層の境涯で、自らの過ちに気づくまで何十年（何百年）も、地上では予想もしなかった醜悪な暮らしをしなければならないのです。

神の実在と、神が創造した「霊と霊界」を否定することは、**「人間にとって最大の罪」**に当たるので、彼らは地上生活で、その最大の罪を犯していたのです。

「サマーランド（常夏の国）とは」

幽界には何段階もの境涯がありますが、霊的な心情を強く持って、地上の人生を謙虚で誠実に送ってきた人の霊は、俗に「サマーランド」と呼ばれている所に入ることができます。そこは、太平洋に浮かぶ南の島を思わせるような、明るい光りに満たされている素晴らしい環境なので、そう呼ばれているのです。

死後の世界では霊界の太陽から強い霊光を受けて、全てのものが明るく輝いているので夜はありません。肉体がないので病気や身体上の不快な感覚は一切ありません。例えば、手がない、足がない、目が見えない、というのは肉体があるから起きることで、肉体のない霊には全く関係ないのです。また、肉体がないので食事を摂る必要がありません。排泄もありません。なお、死後の世界では時間の感覚がないので、地上では数年・数十年という長い年月でも、ほんの短い時間にしか感じません。

その上に、老衰がないので、どの霊人も若い頃と同じプロポーションと容貌に戻っています。そんなことが可能なのでしょうか。可能なのです。死後の世界は、この世とは次元が違うので、不思議でも何でもないのです。

この夢のようなサマーランドで修練して、十分に霊性の進化を遂げた霊は、もう一つ上の境涯へと進級（上昇）してゆくことになります。

「サマーランドの上の、更に光り輝く境涯」

ここは霊光がより強く光り輝いている素晴らしい境涯です。この境涯では霊性の進化が一段と向上する仕組みになっているので、ここの霊人たちには地上の生活でこびり付いた宗教上の教義や夾雑物（きょうざつぶつ）（混ざりもの）は一切ありません。

ですから、ここの霊人たちは一層の幸福感を味わうことができるのです。

そこで一層の進化を遂げると、幽界の段階を通過して、今度は上級の「**本当の霊界**」に上昇（進級）することになります。

そこは、今まで夢想だにしなかった光・色・木・川・山・花などが燦然と輝いていて、その美しさは、この世の言葉では表現できないほどの情景になっています。

その霊界にも、更に上級の何段階もの界層があるので、私たちの霊性進化の旅は、更に長く続くのです。

ですから、私たちの霊は、常に上昇しようとする意欲を鼓舞して努力すれば、その美しさを目にて無上の幸福感を味わうことが出来るのです。

この世で生きる人生の目的（霊的な使命）も、まさに、そこにあるのです。

死後の世界に対する予備知識・上級編（その6）

あの世の息子から、この世の父への霊界通信

日本における心霊研究の先駆者として偉大な足跡を残した、浅野和三郎氏（明治7年～昭和12年）。その二男であった「新樹氏」は、昭和4年に、23歳という若さで急死しました。

父の和三郎氏は心霊研究のために、息子の死後、百か日を過ぎた頃から、数年に亘（わた）って何十回も息子の霊を呼び出して、死後の世界の研究に努めました。

和三郎氏の夫人が優秀な霊媒であったことが幸いして、あの世の息子と、この世の父の

「霊界通信」はスムーズに進行しました。それを記録したのが『新樹の通信』という本です。
この本は、死後の世界を知る上で有力な予備知識になると思われますので、次に、そのほんの一部を挙げてみます。
（質問者は父・和三郎氏。★印は、息子・新樹氏の霊からの返答です）

「守護霊（指導霊）が何でも教えてくれる」

【質問】汝（おまえ）には守護霊が付いていて、その方に指導してもらっているのか。
★僕を指導してくださるのは、こっちへ来てから付いた方で、皆で5人いますが、その中で一番お世話になるのは、一人のお爺さんです。
【質問】その5人の方のお名前は。
★それぞれ受け持ちがあって、想えばすぐに答えてくださるので、名前などは要らないのです。
【質問】その5人の受け持ちは。
★僕が、何かの問題を聞きたいと想うと、5人の中の誰かが出て来て、教えてくださるのです。

【質問】幽界で、汝（おまえ）の案内をしてくださる人もいるのか。
★います。案内してくださるのは、お爺さんの次の人らしいです。
【質問】この世の私と通信する時は、誰が世話をしてくれるのか。
★いつも、お爺さんです。

「ある仏教信者の、幽界での様子」

【質問】そちらで、誰か珍しい人物に会ったことはないか。
★特に珍しくはないが、お爺さんに頼んで連れて来てもらった菊地さんという男の人がいます。15年ほど前に63歳で帰幽された人です。
【質問】その菊地さんは、どんな人なのか。
★脳溢血で急死して、その後、何年過ぎたのか分からないと言ってました。
ある日、菊地、菊地と呼ぶ声がするので、眼を覚ましてみると、枕元に白衣の神さんがいて、お前は仏教信者として死んだのだが、こちらの世界には、こちらの厳しい決まりがあるのだから、素直に神の言うことを聞いて、一歩ずつ向上の道を辿（たど）らねばならないのだ。すぐに極楽に行って、ぼんやり暮らそうなどと考えてはダメである……。まあ、ざっと、こんなようなことを聞かされたそうです。

【質問】菊地さんは、だいぶアテが外れた訳だな。

★大いにアテが外れて憤慨したそうです。何しろ我の強い人ですから、神さんに、さんざん食ってかかったそうです。

しかし、暗い所を引っ張り回され、めらめらと燃え盛る火の中を潜らされ、不気味な砂漠の中を歩かされ、相当、怖い目に遭わされたので、さすがの菊地さんも困ってしまって、これは少し変だぞと考えたそうです。

自分はそれほど悪人ではないと思うが、どういう訳でこんなに恐ろしい目に遭わされるのだろうか。なんぼ何でもあんまりだ……。

【質問】仏教信者は死後、蓮の台に乗っているという幻想を抱いているので、菊地さんも、それで苦しんだのだろう……。

★そのようです。変だと気が付くと、その瞬間に今までの恐ろしい光景が、すっかり消えてしまったそうです。帰幽した人には、宗教の如何を問わず一人の指導霊が付いて、霊界の仕組みを指導するそうですが、一つの宗教に凝り固まっている人は、こちらでの指導に従わないので、その分、幽界での進化が遅れてしまう、ということです。

「唯物論者の、幽界での実況は陰惨である」

【質問】実在している死後の世界を信じない唯物論者の様子は、どうなのかな。

★死後の目覚めと、幽界での進化が非常に遅いそうです。

【質問】これから、そういう人たちの実況を見て来てくれまいか。

★承知しました。今、お爺さんに頼んで、その一部を見せてもらいましたが、イヤどうも、なかなか陰惨です。男も女も裸同然で暗い所にゴロゴロして体がだるそうです。ぼくは気持ちが悪いというよりも、気の毒になりました。

お爺さんに、この連中はいつまで、この状態に置かれるのかと聞いたら、この状態は、永久に続くのではなく間もなく自覚する者もいるが、自覚するか自覚しないかは、本人の心掛け次第なので、他からは如何ともし難いのだ、というご返事でした。

「地上への転生と、悪霊の憑依」

【質問】次は、転生のことを聞いてもらおうか。

★お爺さんに聞いてみると、転生する霊と、転生しない霊と、2種類あるそうです。

転生しない霊は、そのまま上級の界層へ進むので、そのほうが立派な霊だそうです

【質問】汝(おまえ)とわたしが、いま行っている「霊界通信」と、いわゆる「悪霊の憑依」とは、何か根本的な違いがあるのか、あるなら、その違いを尋ねてくれまいか。

★お爺さんに質問したところ、悪霊の憑霊というのは、有害な思念の波動に感応することなので、悪霊の憑依を防ぐには**「人間の側が悪想念を持たない」**ことが大切であると教えてくださいました。

一般的に多くの宗教では、その教義を信じていれば死後には極楽（天国）に行けると説いています。しかしながら、この親子の「霊界通信」から解るように、死後の世界は厳正な「大自然の法則」によって統御されているので、人間が作った宗教（習俗）によって、死者の霊の行き先が左右される、ということは決してあり得ないのです。

（なお、死者の霊が「神さん」と思っているのは、「神の指示」を受けて、霊界の中の、ある境涯を管理している高級霊のことです）

霊性の進化に応じて「幸福感」が大きくなる

霊には「自由意志」が与えられているので、積極的に霊性の進化を図ることも、怠けることも、あくまで本人の自由です。その結果、どんどん進化した霊は、神の恩恵を十分に受けて大きな幸福感を味わうことが可能になります。

一方、いつまで経っても進化しないで、少しも幸福感を味わうことが出来ない霊も出てきます。そのような霊は自由をいいことにして、怠け放題に遊んでいるうちに、低級霊に誘惑されて下層の境涯に落ちてしまう危険性があります。

死後の世界では進化の度合いに応じて、未熟な時には得られなかった能力を身に付けることが可能になります。そうなると、あらゆる面での認識力が大きくなるので、その分、霊が味わう幸福感も大きくなるのです。

霊性の高い霊と、低い霊との差は、この認識力の違いによるので、認識力の低い霊は、自分が身に付けている霊性（霊格）よりも高い層には、行くことは出来ません。

反対に、霊性の高い霊は低い層に行くことは可能です。これが「霊界の法則」ですから、この世での親子・夫婦・兄弟・友人であろうとも、霊性に差があれば、死後の世界では同じ境涯に住むことが出来ないのです。一緒に住もうとすれば、どちらかが、それに合わせる努力が必要です。

私たちは、この厳然たる「霊界の法則」を理解して、自分の死後は、どのような霊性を身に付けて、どのような境涯に行きたいのか、よく考えておく必要があります。

「霊が味わう幸と不幸は、善と悪の比較衡量で決まる」

私たちの霊（魂）が、何回でも地上に転生して来るのは、霊性を進化向上させることが目的です。

神は、霊性の完成という壮大な目的を達成させるために、人間に何回でも地上に転生する仕組みを創られたのです。つまり、転生というのは、まだ「**十分に進化していない霊のために存在している**」のです。

私たちの霊は、肉体に宿っているとき（この世での生活）以外は、霊だけの存在として霊界で過ごしています。その際、霊界での居場所は、地上生活で行った善の量と、悪の量の「総量の比較衡量」によって決まります。

ですから、霊にとって、地上と霊界の「2種類の生活」は欠くことのできないシステムですが、霊界では、霊の同質の親和性の中で暮らしています。

それに比べて、地上では千差万別の人間が、複雑な利害関係が渦巻く中で生活しているので、霊界よりも地上のほうが、霊性を磨くには最適な場所（材料が多いこと）なので、その最適な場へ、何回でも転生して来るのです。

「霊界では、霊性（霊格）に応じて役目が与えられる」

地上への転生には、前世からのカルマなども関係しています。転生の目的は、自分（霊）の未熟な部分を補う学び（修練）をするためです。ですから転生の度に、より適切な学びができるように、最もふさわしい国・時代・性別・両親などを考えて、自ら選んで転生して来るのです。

この神秘的なシステムは到底、人知の及ぶところではなく、その全てが「大自然の法則」によって行われているのです。

霊界では、どの界層においても、霊たちは進化と幸福感を求めて、自分の役目（仕事）を願い出ます。役目には難易度があるので、それを考慮して与えられますが、霊たちは自分の役目を果たすことで、より大きな幸福感を味わいます。

このようにして、霊たちは互いに上級の界層を目指しているのです。上級の界層では、全てのものが燦然と輝いていて、地上のいかなる国の言葉でも表現できないほどの荘厳さです。

せっかく、このような荘厳な世界があるのだから、それを否定するよりも、「**自分は絶対にそこへ行くのだ**」という意欲を鼓舞して、この地上生活を送ったほうが得のように思えるのですが……。

いやそれは、神によって与えられている自由意志で、あなたが決めればよいことです。

主な参考文献

膨大な数の参考文献を挙げると煩雑になりますので、信頼できる著名な霊能者が著した本で、読者の方々にも推薦できるものだけを記すことにします。

『死後の世界』Ｊ・Ｓ・ワード著（浅野和三郎訳）。
『新樹の通信』浅野和三郎著。
『心霊入門』桑原啓善著。
『天界道（天国への道）』隈本確著。
『これが死後の世界だ』Ｍ・バーバネル著（近藤千雄訳）。
『私の霊界紀行』Ｆ・Ｃ・スカルソープ著（近藤千雄訳）。
『天国と地獄』アラン・カルデック著（浅岡夢二訳）。
『霊界からの手記』スウェーデンボルグ著（今村光一訳）。
『魂の法則』ヴィセント・ギリュウム著（小坂真理訳）。
『眠れる予言者エドガー・ケイシー』光田秀著。
『生命（いのち）の暗号』村上和雄著。
『霊の書』アラン・カルデック著（桑原啓善訳）。

『転生の秘密』ジナ・サーミナラ著（多賀瑛訳）。
『シルバー・バーチ霊言集』A・W・オースティン編（桑原啓善訳）。
『死後の後には続きがあるのか』エリコ・ロウ著。
『コナン・ドイルの心霊学』コナン・ドイル著（近藤千雄訳）。
『死の真実』E・キューブラー・ロス著（伊藤ちぐさ訳）。
『かいまみた死後の世界』レイモンド・ムーディー著（中山善之訳）。
『科学者たち58人の神観』森上逍遥著。
『生命の謎』中川豪著。

著者プロフィール

鈴木昭夫（Akio Suzuki）

昭和 9 年（1934）、福島県いわき市に生まれる。

磐城高校、愛知教育大学卒業。

愛知県内の県立高校で国語を教え、教頭・校長を務めて定年退職。

退職後は、愛知産業大学短期大学で「国語表現法」などを担当する。

現在は、福島県いわき市の公民館等で、時折、日本語一般の話や、「死後の世界」の話などを行っている。
・日本実業出版社『敬語　速攻マスター』
・KK ベストセラーズ『できる！敬語術』『国語正読法』
・河出書房新社『漢字マスター帳』『やさしい漢字の意外な読み方』
・KAWADE 夢文庫『国語力がメキメキ身につく本』『漢字　面白すぎる博学知識』
・リイド社『知ってる漢字の　知らない訓読み』

君は「神の作品」を知らないのか
宇宙　すべての生命　そして君自身だ

2021年7月15日　第1刷発行
著　者――鈴木昭夫
発行者――越智俊一
発　行――アートヴィレッジ
〒660-0826　尼崎市北城内88-4・106
TEL. 06-4950-0603　FAX. 06-4950-0640
URL. http://art-v.jp/
ブックデザイン　西垣秀樹